平澤知穂 著
Chiho Hirasawa

オフィスコミュニケーショントレーニング

第2版

みる,きく,問う,伝えるために

Business Communication

ナカニシヤ出版

はじめに

❶ 本書に込めた願い

◉ 1-1　本書の対象読者

　本書では，高校生から社会人まで幅広い層に向けて，チームづくりの基礎となる「オフィス・コミュニケーション」を体系的に整理し，それぞれのスキルについて解説しています。これから社会人をめざす学生や社会人1年生には新しい知識や技術の習得として，ベテランには改めて自らのスキルを見直し，リフレッシュあるいはリスタートのきっかけにしていただくという視点から，本書を活用していただければと思います。

◉ 1-2　コミュニケーションの多種多様な問題

　マスメディアではコミュニケーションの希薄さやスキルの稚拙さ，世代間のギャップによる相互不理解についての言説が毎日のように取り沙汰され，コメンテーターは眉間にしわを寄せ問題を指摘しています。また，書店にも，コミュニケーション関連書が山積みです。いまや，コミュニケーションは緊急かつ重要な課題として，私たちを悩ましているようです。

　私がコミュニケーションの問題について意識するようになった背景には，このように現代社会が抱えているコミュニケーションについてのさまざまな問題があります。本来，人と人をつなげ，互いにわかり合うためのプロセスであるはずのコミュニケーションが，なぜ問題視されるのでしょうか。それが本書の原点となった**私の問い**でした。

　また私自身も人とよりよい関係を構築したいと願いながらもうまくいかないというジレンマに陥っていました。いわばコミュニケーションは「私自身が直面している課題」でもあったのです。そんなことから，私は夢中でコミュニケーションについて学びました。そして，学び，学んだことを広げようと活動していくうちに，いつの間にか「講師」になっていました。

◉ 1-3　組織の中のコミュニケーション

　現在，専門としているのは**チームづくり**ですが，それはとりもなおさず人びとが働く**オフィスにおける「組織の中のコミュニケーション」**そのものといっても過言ではありません。チームづくりはコミュニケーションが根幹をなす重要な側面です。そして，多くの人は組織の中，仕事の中でこそチームのもつ目標を達成することを課せられている

のです。

　私はこれまでチームづくりをファシリテートするなかで，さまざまな仕事の枠を越え，多様な世代の方と研修を通して出会ってきました。また，大学でも非常勤講師をしながら，学生との関わりを定期的にもっています。そして，「組織の中のコミュニケーション」に関して数多くの悩める人たちと出会ってきました。出会いは，今なお続いていますが，悩んでいる人の方が悩んでいない人よりも圧倒的に多いことを感じます。

◉ 1-4　この問題に対する正解は用意されていない

　これらの活動の中で，私自身も，ときには若者とのコミュニケーションギャップにとまどい，若手の方の仕事への取り組み姿勢に悩まされ，年配の方たちとの価値観の相違に意思疎通の困難を感じているのですから，コミュニケーションの問題は「現在進行形」のテーマでもあります。しかし，こういった一連の経験から，私はある答えにたどりつきました。それは驚くことに「この問題に対する正解は用意されていない」ということだったのです。ことにコミュニケーションの領域に関しては，問題に対して「こうすれば効果が期待できる」といった対処法はありますが，そもそも人はそれぞれみんな違い，環境や状況も異なるため「こうすれば間違いはない」と断定できる回答を用意することはできないのです。

　このことに関連して**グループダイナミクス**という理論を切り開いた心理学者**クルト・レヴィン**（1890-1947）は以下のような**人間行動の基本関係式**を用いて興味深い説明をしています（レヴィン，1956）。

$$B = f(P, E)$$

B = behavior　f = function　P = person　E = environment
人の行動（behavior）は，その人（person）と環境（environment）に作用（function）されている

　レヴィンが示したこの人間行動の基本関係式は，私たちがとるべき行動は「その人」と「環境」により変化することを教えてくれます。つまり，私たちがとるべきコミュニケーションは，「私」と「環境（状況もふくむ）」により変わっていくものなのです。したがって「この問題に対する正解は用意されていない」ということになります。

◉ 1-5　解決策を考える

　正解がないとしても，がっかりすることはありません。なぜなら，絶対的な答はないとしても，抜本的な解決策はあるからです。私がこの解決策に気づいたとき，これまで

の多くの不快で不安な経験にさえも意味があることを知り，ふたをしたくなるようなできごとに対しても一種の感謝の気持ちが出てきました。さらに，それから数年を経て自分のスキルとして機能させることができるようになり始めたとき，はじめて自信をもつことができたことを覚えています。

その解決策というのは，とてもありふれたものです。今，私が経験していることを学びに変えればよいのです。誰しもが口にしているあまりにもありふれたフレーズなので，拍子抜けされたかもしれません。しかし，それを実行している人があなたの組織に，あなたの課に，あなたのプロジェクトに，どれほどいるでしょうか。そうです。誰もが知っているのに，多くの人が実行できないのです。もう一度書きます。

今，私が経験していることを「学びに変える」

すなわち，組織の中のコミュニケーションの問題に対して，すでに用意されている何らかの正解はありませんが，「経験を自らのものとして捉え，ふりかえり，省察して，次なる行動を調整していく」という **「答えを創造し続ける活動」** をあなた自身が自らの意思で実行にうつせることこそがこの問題に対応する策なのです。

問題があることが問題なのではありません。

むしろ，問題を自らのこととして捉えられないことが問題です。そして，その問題に対して新しい行動を起こさないことが問題なのです。問題を，自らのこととして捉え，ふりかえり，考え，新たな行動を起こしていくことが解決への道筋になります。また，それに取り組み続ける人がよいコミュニケーターとして部下やメンバーや上司や顧客から支持され，ますます自己成長の過程を踏んでいくのだということを最初にお伝えしておきます。

❷ 本書の構成とポイント

● 2-1 本書の構成

本書では，組織の中のコミュニケーションについて，理解を深め，関連する問題に対処するための基本的知識やスキルの情報を得て，実際に活用し，その結果を読者のみなさんがふりかえり検証できるよう構成しています。

冒頭に書いたように，コミュニケーションの基礎として身につけていただきたい「組織の中のコミュニケーション」についての知識を体系的に整理し，それぞれのスキルに

ついて解説を加えてあります。知識をもって理解するとともに，行動を起こし，結果を検証し，新しい行動を生み出し，自己成長へとつなげていく螺旋的な成長を体験していきましょう。途中，より理解を深めていただくために，理論モデルや事例を引用し，トレーニングのためのワークも紹介していきます。

◉ 2-2　本書のポイント

それでは本編へと進む前に，参考までに本書をより効果的に活用していただくための5つのポイントを紹介します。

Ⓐ行動すること

本書では組織の中のコミュニケーションの基本となるスキルを，体系的に整理して解説してあります。頭の理解で終わらせずに，積極的に活用してみてください。「いつ使おうか？」とチャンスをうかがうよりも**まずはやってみる**のが基本です。

頭の中で理解するだけでは，自分の世界で完結してしまい，俗にいう「頭でっかち」になってしまいます。ご注意ください。

Ⓑ検証する（ふりかえる）こと

活用（行動）したら，ふりかえって**どうだったか**について検証してみてください。恐らく，結果に至るまでにさまざまな要因や誘因が作用していることに気づくと思います。そして，その因子を見つけ出してみましょう。結果が不満足であっても，満足であっても，その因子をていねいに考察して「次はこうしてみよう」「ここをもっと強化してみよう」などと工夫をしてみましょう。きっとみなさんの成長につながるはずです。

Ⓒ省察的姿勢で取り組むこと

省察的な姿勢を常にもってください。「がんばっても，上司に跳ね返される」「自分はやろうと思ったのに，先にやられてしまった」「今度こそ！と思ったのに，同僚が邪魔をしてきた」などと，自分以外のものに原因を求めていては何も変わりません。

もちろん「うまくいかなかった」，あるいは「結局できなかった」という「結果」には，外部の事情が影響を及ぼすことがあるのは事実ですが，それを原因としてみるのではなくレヴィンのいう「環境」として理解し，自分の言動を集中的にふりかえってみましょう。

Ⓓ「何が」に焦点を当てること

できるだけ，「誰が」ではなく，「**何が**」に焦点をあててふりかえりましょう。一般的に「誰が」を扱うと感情的になりやすく，問題解決の本質がみえにくくなります。生産的な

活動のためには，冷静に状況を把握したり，分析をして次への挑戦計画を立てる（ふりかえる）ために「何が」に目を向けることが大切です。

Ⓔ **ある一定期間継続して取り組むこと**

組織の中のコミュニケーションは，3分待てばできるインスタントラーメンのように，すぐに思うような結果が出せるものではありません。それを十分理解しておくことも大切です。徐々にですが，自己変容も，環境変容も，確実にやってきます。諦めずに取り組んでいくと，ある日，自分を取り巻く世界が変わっていると感じられるはずです。

それは1か月の期間かもしれませんし，10年かかるかもしれません。私が研修業務で関与している組織でも，10年近くこのテーマに取り組んでいる企業もいらっしゃいます。変化し続けているこの組織は多種多様に環境に対応しながら「**今，何を学ぶべきか**」に取り組んでいます。

> 継続こそ力なり，です。

このように，さまざまな変化を観察し，成長を実感しながら，取り組み続けることで，クリアしていきましょう。

さあ，それでは始めましょう。チームづくりの専門家による，「オフィス・コミュニケーション」の授業です。

目次

はじめに *i*

Part I　組織を理解する　*1*

01　組織の中のコミュニケーションの理解 ……………………… *2*

01-01　オフィスにおける組織の中のコミュニケーション　*2*
01-02　組織の中のコミュニケーションの目的と定義　*3*
01-03　健全な組織の活動　*9*

02　対人コミュニケーションを理解しよう ……………………… *11*

02-01　コミュニケーションとは何かを考える　*11*
02-02　定義の前提　*14*

03　組織の中のコミュニケーションの人間観 …………………… *17*

03-01　人間観を考える意味　*17*
03-02　組織の中のコミュニケーションの人間観　*21*

04　チームワークを高めるコミュニケーション ………………… *24*

04-01　なぜ「チーム」がテーマになるのか　*24*
04-02　チームワークとは何か　*27*

05　サイレントワークでチームワークを考える ………………… *29*

05-01　サイレントワーク　*29*
05-02　サイレントワークの整理　*40*
05-03　阻害要因からみたチームワークのポイント　*43*
05-04　チームの中のコミュニケーション　*50*

Part II 対人コミュニケーション　*55*

06　対人コミュニケーションの基本 ……………………………………… *56*

06-01　コミュニケーションモデル　*56*
06-02　ミスコミュニケーションの4つの理由　*60*
06-03　コミュニケーションの要素と領域　*62*

07　領域1：聴くこと ……………………………………………………… *65*

07-01　聴くとは　*65*
07-02　聴くときの留意点　*66*
07-03　聴くスキル：積極的傾聴　*69*

08　領域2：問いかけること …………………………………………… *83*

08-01　質問とは何か　*83*
08-02　省察的質問　*87*
08-03　質問のワーク　*93*

09　領域3：伝えること① 概要・レセプタ・敬語 ……………………… *106*

09-01　伝えること　*106*
09-02　伝えるスキル：レセプタを開く　*110*
09-03　伝えるスキル：敬語　*113*

10　領域3：伝えること② 説明・リクエスト ……………………………… *119*

10-01　伝えるスキル：説明　*119*
10-02　伝えるスキル：リクエスト　*136*

11　領域3：伝えること③　フィードバック・承認・ゼロポジション　*139*

11-01　伝えるスキル：フィードバック　*139*
11-02　伝えるスキル：承認　*143*
11-03　伝えるスキル：ゼロポジションで考える　*145*

Part III　集団を理解する　*151*

12　集団とは何か　*152*

12-01　集団とは何か　*152*
12-02　自分の所属している集団を考えてみよう　*154*

13　集団による影響関係　*156*

13-01　集団規範　*156*
13-02　同調行動　*160*
13-03　社会的手抜き　*162*
13-04　集団思考　*164*

引用・参考文献　*167*
謝　辞　*169*

組織を理解する

01 組織の中のコミュニケーションの理解
02 対人コミュニケーションを理解しよう
03 組織の中のコミュニケーションの人間観
04 チームワークを高めるコミュニケーション
05 サイレントワークでチームワークを考える

01 組織の中のコミュニケーションの理解

01-01 オフィスにおける組織の中のコミュニケーション

❶ まず考えてみよう

　コミュニケーションスキルと一口にいっても，世の中にはさまざまなスキルがあります。なじみの深いものにビジネスマナーがありますが，これもコミュニケーションスキルの1つでしょう。他にも，カウンセリングやコーチング，ディベートといった1対1で行うスタイルもあれば，プレゼンテーションのように1人が多数の聴衆の前で行うもの，グループ内で発揮されるリーダーシップ，ファシリテーションといったものまでさまざまです。

　これらはすべて組織の中のコミュニケーションの一側面なので，**状況や立場に応じてどのスキルを用いるか**ということが大切です。では，オフィスにおける「組織の中のコミュニケーション」を学ぶにあたって，これらのスキルのすべてを学習しなければならないのでしょうか。それでは，たいへんですね。

　本書は，社会人をめざす人や社会人1年生には基本として学んでいただき，中堅の方やベテランの方には原点を思い出していただくための本ですから，組織内コミュニケーションの基本であり土台となる「対人コミュニケーション」の部分を主に取り扱います。各専門的スキルは本書の次のステージとして残しておくことにしましょう。

　それでは，まず「組織の中のコミュニケーション」の定義を共有するところからスタートです。**組織の中のコミュニケーションとは何でしょうか？**　この問いに，自分なりに答えてみてください。

_____

_____

　記入し終わったら，隣の席の人やグループの人と**シェア**，つまり評価や判断を下さず，ただわかちあってみましょう。

❷ 組織の中のコミュニケーション

「コミュニケーション」とは相互理解のプロセスのことを指しますが，「組織の中のコミュニケーション」は，組織という言葉から活用の場を組織内として想定しているコミュニケーションであるということがおわかりいただけるでしょう。

では，いわゆるコミュニケーションと比べてみると，何がどのように違うのでしょうか。それを考えるために，さまざまな活動の単位である**組織**とは何かという問いと向き合うことで理解が促されます。ではさっそく，始めてみましょう。

01-02　組織の中のコミュニケーションの目的と定義

❶ 組織を構成する基盤

組織を構成する基盤は，何だと思いますか？　下の欄に思うことを書いてみてください。

_____
_____
_____
_____
_____
_____
_____

このような質問は少し固く感じられるかもしれません。私が問いたかったのは，「組織を成り立たせているのは果たして何だと思いますか」ということです。

建物でしょうか？　PCでしょうか？　就業規則でしょうか？　取引相手，それとも，売り上げを生む商品でしょうか？　あるいはビジョンと答えた方もいるかもしれません。

それぞれ，組織が活動していくにあたって大事なものであることは確かですが，どの要素も組織を組織として成り立たせているもの，いいかえれば「そもそも，その存在がなければ組織活動が行えない」本質的な要素ではありません。建物がなくても，青空の下で組合をつくって野菜を売ってもよいではありませんか。PCがなくても，多くの活動はアナログでも行えないわけではありません。就業規則がなければつくればよいですし，取引相手も探してみつけていくことは可能です。つまり，これらは，組織活動の1つの要素にすぎませんし，本質的であるとはいえません。では答えをみてみましょう。

答えは，人です。

　人がいなければ，どんなに立派なPCがあっても，何百億円もする建物がそびえたっていたとしても，何も始まりません。組織は勝手に活動をしてくれません。繰り返しますが，組織を構成する基盤は**人**，それが答えです。

❷ 人は集まって何をしているのか

　では，さらに質問を続けます。**人は，組織に集まり，何をしているのでしょう？**

_____
_____
_____
_____
_____

　この問いは抽象的なので，多様な回答が書けるため迷う人も多いかもしれません。これまでの流れを汲むと「組織活動」と回答欄に書くこともできますね。

　問いが抽象的なので，まずは，答えも抽象的にさまざまな活動をしているとしてみます。具体的には，後ほどくわしく述べていきます。

　さて「さまざまな活動」といっても，各自がやりたい放題やりたい活動をしているのではありません。組織には目的があり，その目的のために目標が設定されています。その目標達成に向けて人はさまざまな活動をしています。

　たとえば，ある組織で「便利なものを提供することで，みなさまの日常の生活をより快適なものにするための創造活動」と企業目的を定めているとすれば，その目的のための目標が決められて，組織の人の行動が決まります。このように，目的に即して設定した目標を達成するための，さまざまな活動をしているのです。

　では，次の問いに答えてみましょう。**その目的と目標を知ってさえいれば，1人ひとりが活動をきめて行動化すればよいのでしょうか？**

_____
_____

> 答えは，いいえです。

ここはとても大事な部分なので，さらにていねいに説明を加えていくことにします。

❸ その目的と目標を知ってさえいれば

先ほどの質問の前半，**「その目的と目標を知ってさえいれば」**について考えてみましょう。**まずは知る**ということは確かに大事です。何事も知ることから始まるのですから大事な一歩です。しかし，ただ知っているだけでは不十分です。

たとえば先ほど例に挙げたように「便利なものを提供することで，みなさまの日常の生活をより快適なものにするための創造活動」という組織の目的があったとしましょう。この目的についても，便利なものとはたとえばどういうものをさすのか，より快適とはどのようなものなのかは，人によっては捉え方が違います。とくに，組織ともなると人生経験もまちまちで，職階の差などから立場の違いなどもあり，組織が掲げた目的から受け取る意味にそれぞれ違いがあると考えることが現実的です。

会社が「私たちの活動目的は地域貢献です」と言っていても，地域貢献の考え方が社員バラバラであれば活動もバラバラになります。目標についても社長が「本年度の目標は，昨年度の売上の2割増だ！」と言ったからそうなのだ，ということではなく，なぜ2割増しなのか，2割増すことにより会社や社会や自分たちは何が変わるのかなど目標を自分たちにおきかえ理解を深めておくことで，その目標が「自分たちの目標」として身近になってきます。そういえば，こんなことがありました。

Case Study 1

ネイティブアメリカンの儀式に「ビジョン・クエスト」と呼ばれるものがあります。これは，自然の中でひたすら己の人生の使命を見つけるための祈りや省察を行うものだと聞いたことがあります。研修にも，キャリア形成の観点から自分のライフデザイン（未来像）を探求して自分の人生と向き合おうとするプログラムがあります。そのプログラムを担当した時の話です。某社会福祉法人に所属する人たちが集まっていました。

ビジネス版ビジョン・クエストでは自己対話が主となりますが，せっかく複数の人が集まっているので話し合い法を用いてシェアの時間を設けました。そのとき「福祉」というキーワードが頻繁に出て，次第に「福祉」の捉え方について意見を交わす場面になっていきました。

捉え方は十人十色でした。あるひとは「福祉」を生きることの諸課題と捉え，あるひとは介護の問題だと特定していました。また，別の人は，してあげるものだと言い，自立を支援する活動だと話している人もいました。「福祉」という言葉は専門家にとっても概念化しにくいと聞いたことがあります。このときのシェアでも様々な表現になりました。また，福祉への思いは言葉に尽くしがたいように交わされました。

ここでは個人の考えや思いが尊重され各自で自分のキャリアビジョンを探求するプログラムであるため，本人が気づきを得られたところでシェアを終えて次の探求過程に進みました。一方で，これで組織活動の中心テーマ「福祉」の捉え方がまちまちだと明らかになり，そののち時間を別途設けて，概念と意識の共有を図りました。

目的や目標は「掲げるため」のものではありません。組織に属する人たちの目指すものが示されたものであり、そこに立ち戻れば自分たちのとるべき行動について考えることができる大切なものです。ですから、知っているだけでは意味がありません。

組織の構成員であるメンバー（以下メンバーと呼びます）が、それぞれその目的を説明することができ、自分に与えられた役割と照らし合わせ行動を考えることができていなければならないのです。「その目的と目標を知ってさえいれば」、よいわけではありません。

❹ 1人ひとりが活動をきめて行動化？

話を一歩進めましょう。4頁の質問の後半にあった、「**1人ひとりが活動をきめて行動化すればよいのでしょうか？**」はどうでしょう？

メンバーが目的や目標をよく理解し、共有しているならば、各自が判断し、どんどん積極的に行動していけばよいのでしょうか。実際の組織の中では、目的と目標が同じでも、ある人はプランAが最適だと思い推進しようとして、ある人はプランBが経験上妥当であると考え推進しようとして、ある人は長年の勘で今は行動を起こすときではないのでじっとしていよう、などと考えるかもしれません。

てんでんばらばらに判断をして行動をしていては、目標達成はいつのことやら。ひょっとすると、この食い違いによって組織崩壊につながるかもしれません。

Case Study 2

私が関与したある組織には業務マニュアルがありましたが、キャリア採用された方がこれまでの独自のやり方の方がよいと考え、マニュアルを無視して慣れた方法で仕事を進めたため、抜け落ちがあったり、連絡不備が頻発し、ほどなくして係内で連携がとれなくなっていきました。組織活動としての思いは皆同じなのに、残念な結果になりました。

このようなことが起こらないように、目的や目標の共有化だけでなく、**目標を達成するために、方針や計画を立て、役割を割り振ります**。こうすることで組織を機能的に動かして、全体的にみて、よりよい結果を出そうとするのです。組織は、個人のスキルだけで成り立っているわけではありません。

さて、ではここで整理してみましょう。ここまで登場した言葉を拾い集めて整理してみると、**人が集まり、そこに共通の目的と目標が示されてメンバーに理解されており、方針や計画が立てられ、必要な役割が割り振られている**。これで3頁に出てきた「組織とは」を語ることができます。

ところで、何か足りないことに気づきませんか？　「**足りないものは何か**」考えてみてください。ヒントは、私たちにとってとても身近で空気みたいな存在のものです。

そう，コミュニケーションです。

　目的や目標も，方針や計画が立てられるのも，役割をもって実行に移すのも，**コミュニケーションが媒介するから，これらをつなげていく**ことができるのです。すなわち，目的や戦略，役割分担，すべてはコミュニケーションが介在することで組織にいきわたります。いきわたっているから組織活動が可能になるのです。

　ここでいうコミュニケーションは，ヒューズのような役割を果たしています。つまり，日頃は私たち組織活動に大事なものの導体の役割をもち，何かアクシデントが起こったときにはコミュニケーションをとることにより事態を改善することができます。コミュニケーションが希薄な組織は，トラブルがあったときには一気に崩壊しかねません。組織運営がコミュニケーションによって明暗を分ける理由を理解していただけたでしょうか。

　本書では，組織を以下のように定義します。

> ■ 組織とは

①共通の目標をもち，②目標達成のために協働し，③何らかの手段で統制された，④複数の人々の行為やコミュニケーションによって構成されているシステムのことである。

システムとは，相互に影響しながら，全体として一定の機能を果たす複数の要素が体系的に構成された集合体のことを指します。

　組織とは，まさしくビジネスの場です。組織の中のコミュニケーションは，組織を運営していくためのコミュニケーションと考えられます。ただし，これだけでもまだ十分ではありません。ビジネスは組織を運営するだけではないからです。成長し，発展を続けるのが企業活動──組織の中のコミュニケーションの目的はここにあります。

> ■ 組織の中のコミュニケーションの目的

組織がより効率的に効果的に活動し，発展し続けること

この目的をもって実行するすべてのことが組織の中のコミュニケーションです。

> ■ 組織の中のコミュニケーションの定義

組織がより効率的に効果的に活動し，発展し続けるための諸活動

　ちょっとかたい言葉にまとまりましたが，これが広義の組織の中のコミュニケーションです。本書ではこの中から主に「対人コミュニケーション」について学んでいきましょう。

❺ 設　問

　さて，ここまでの内容を整理してから次に進むことにしますので，以下の設問に答えてみてください。そして書き終わったら，グループでシェアしてみることをお勧めします。

1) ここまでで，一番印象深かったのはどの部分ですか？

　_____
　_____

2) 1) で記入したことについて，なぜそれがあなたにとって一番印象的だったのですか？

　_____
　_____

3) 1) について理解が深まったことにより，今後あなたにどのような可能性が生まれていくと考えられますか？

　_____
　_____

4) あとで誰かに説明できるように，ここまで学んだことを，あなたなりに文章で整理してみてください。

　_____
　_____
　_____
　_____
　_____
　_____

01-03 健全な組織の活動

❶ システムとは何か？

　もう1つ意識を向けたい言葉があります。それは**システム**という言葉です。7頁に示したように，システムとは複数の要素が体系的に構成された集合体を指します。また，影響しあいながら，全体として一定の機能を果たすものです。しかし，現実の社会では，機能不全に陥っている組織と出会うことが多くあります。

> 例 「上司がちゃんと説明をしてくれない」「結果が知らされていない」「横のつながりがない」「退職者や入職者を知らされていない」「みんなやりたい方法で行っている」「文句があっても，それぞれが陰で言っている」など。

　この台詞だけ読むとなんだかひどく性悪集団のような気がする例ですが，そうではありません。というのも，このようなケースでも，みんな一生懸命にがんばっていることが多いのです。私のところに研修の依頼が来る場合も「みんながんばる気があるのに組織としてどうもうまくいかない」「思いがあってもバラバラだ」という話が非常に多く，うまくかみ合わないことへのもどかしさを口にする研修導入担当者もいらっしゃるほどです。

　さて，話を元に戻します。**このように「機能不全に陥る」のは，なぜでしょうか？**　あなたの考えでかまいませんので，書いてみましょう。

_____

_____

_____

_____

_____

_____

_____

_____

書き終わったら，グループのメンバーとシェアをしてみましょう。

シェアしてみると，意外にも似通った答が多かったのではないでしょうか。そうです。**コミュニケーション不足**と勘違いや理解不足などお互いの解釈に間違いが生じ，関係がうまくいかなくなる**ミスコミュニケーション**の多さが原因です。思い出してください。どのように立派な目的も，どれほど理にかなった役割分担も，すべてはコミュニケーションがそこに介在しなければ意味をなさないのです。

❷ コミュニケーション不足にならないために

コミュニケーション不足の組織を，「健全さに欠けている組織」と呼ぶことがあります。誰が言い始めたのかはわかりませんが，私が最初にこの言葉を耳にしたのは内科医からでした。自分の経営する医院の看護師との，患者とのコミュニケーションのお粗末さを，人の健康に見立ててそのような発言をされていました。

コミュニケーション不足は，人間の体でいうと，心や体の健康にあたるというのです。妙に理解が促進されたのを覚えています。健康体で知識が豊富であっても，心が病んでいたり，やる気がなかったり，ケガや病気で行動が起こせなければ，宝の持ち腐れであるという意味だと私は解釈しました。組織が健全さを取り戻すためには，やはりコミュニケーションに変革を起こすことが何より大事なことです。

いかがだったでしょうか。組織の中のコミュニケーションを学習し，スキルを習得することについても，とても意味あることだと理解していただけたでしょうか？　では，ここまでの話を聞いて，隣の席の人やグループの人と「感じたこと」や「思ったこと」をシェアしてみましょう。出てきた意見を，下の欄に書き留めてください。

_____
_____
_____
_____
_____
_____
_____
_____

02 対人コミュニケーションを理解しよう

02-01 コミュニケーションとは何かを考える

❶ まず考えてみよう

　前章で組織の中のコミュニケーションの定義を考えましたが，本章ではコミュニケーションそのものについて考えてみます。すなわち「**コミュニケーションとは何か？**」ということです。コミュニケーションという言葉は，私たちの身近に存在し，「コミュニケーションがうまくいかない」「よいコミュニケーションがとれた」などと気軽に使いますが，いったいどのような行為を「コミュニケーションがうまくいかない」とか，「よいコミュニケーションがとれた」と言っているのでしょうか。

　コミュニケーションの研修の依頼を受けたとき，私は必ず参加者の方に「コミュニケーションとは何ですか？」「コミュニケーションの定義は？」と質問します。そして「話し合い」「言葉を交わす」「会話する」「やり取りをする」「意思疎通する」などの回答をいただきます。過去かえってきた回答で一番驚いたのは「潤滑油」という言葉でした。その方は感性でお答えくださったようです。「うまく両者を潤滑させる存在」という意味で潤滑油という言葉を使ったようです。確かにどれも間違っていません。ですが，一側面のみを捉えているのではないかという印象を受けます。これを深く考えてみましょう。

　正解を答えようとするのではなく「私が認識している」あるいは「イメージしている」ものでよいので，具体例を挙げて書いてみてください。

では「コミュニケーションとは何」でしょうか？

_____

_____

_____

　書いたら，メンバーとシェアしてみましょう。もちろん，具体例もシェアです。

❷ コミュニケーションの定義を考える

　インターパーソナル・コミュニケーションと呼ばれる対人間のコミュニケーションについて，日本における**ラボラトリー方式**（体験学習）による教育の先駆者的研究者である故・柳原光の定義した言葉を紹介します。

　柳原は，コミュニケーションの定義について「**誰か他者との間にコモネス**（共同性）**を打ち立てようとすること**」と述べ，「**情報・思想あるいは態度などを共有しようとすること**」だと追記しています。この言葉を読み解くことによって，コミュニケーションが，どのようなものかについての理解が促されます。そして，多くの謎も解けてくるのです。

　まずは「**共同性**」という言葉からみていきましょう。共同性は辞書を引くと「**一緒に事を行う，同等に関わる**」と出てきます。ですから，コミュニケーションの定義について次のように解釈することができます。

> ■ コミュニケーションの定義
>
> コミュニケーションとは自分以外の誰かと自分が，一緒に事を行おうとすることであり同等に関わろうとすること

　コミュニケーションの研修をしていると，相手を理解しようとするあまりに「相手に同調しなければ」という意識のはたらく人に出会うことがありますが，しかし，そもそも，他者と同化あるいは一体化などができるのか？という疑問が生じます。そのように相手と同化あるいは一体になろうと試みることではなく，互いに人として，尊重しあい平等な関係で関わろうとすることが本来の**共同性**です。それは，柳原の追記にあるように，同じ意見をもつことではなく，お互いに思っていることや感じていることを知り合おうということでもあります。

　次に「**打ち立てようとする**」という言葉についても注目してみましょう。ここでは，試みる状態を表す表現が用いられています。「打ち立てること」でもなければ「打ち立てたこと」でもないし「打ち立てていること」でもありません。

　「打ち立てようとすること」という言葉は，**コミュニケーションは完全ではない**ということを示していると解釈できます。「打ち立てた状態」は明記されていません。あくまでも「打ち立てようとすること」なのです。ここからも，コミュニケーションは結果ではなくやり取りしているさま，別の言葉でいうと「今ここで起こっているやりとり」であると考えることができます。

　では，このコミュニケーションの定義をいくつかに分解してみましょう。

■ コミュニケーションの定義を分解してみると……

①コミュニケーションは，自分以外の人と自分との間でなされる
②互いに尊重しあい平等な立場で存在する
③共に関わりをもとうとする
④理解しあおうとする（差異を知る）
⑤相違を認める
⑥今ここで，起こっていること

　私たちが日常考えがちな「うまく伝えたい」「ちゃんと理解できるようにならなくては」というのもコミュニケーションの一部分ではありますが，「うまく伝えること」がコミュニケーションではありませんし，「ちゃんと理解できるようになる」ことがコミュニケーションではありません。むしろ，わかり合おうとして互いに試みるさまざまな関わり自体が「コミュニケーション」なのです。そこには否定はありません。受容と共感そして承認の世界が存在しています。

1) 本節での定義は，あなたがこれまで考えていたコミュニケーションのイメージと違っていましたか？

（　は　い　・　いいえ　）

● 【はいの場合】どのようなところが違っていましたか？

　_____
　_____

● 【いいえの場合】合致していたキーワードを挙げてみてください。

　_____
　_____

2) ここまで学んでみて，今，思っていることを率直に書いてみましょう。

　_____
　_____
　_____

02-02　定義の前提

❶ コミュニケーションの前提条件を考える

　コミュニケーションの定義を細かくみていくと，ある前提条件なしにはこの概念が成立しないことがわかってきます。お気づきでしょうか？　「この定義を成すために，これは外せない」という何かです。

　前提となっているものは何だと思いますか？　02-01 を読み直しながら，じっくり考えてみてください。

_____

_____

_____

_____

_____

_____

_____

　書き終わったら，メンバーでシェアをしてみてください。
　いろいろな意見が出てくると思いますが，じっくりとメンバーの考えを聞いて理解できるようつとめながら，大事だと思う事は下の欄にメモを取りながらメンバー全員の意見を聞いてみましょう。

_____

_____

_____

_____

_____

_____

_____

答えは，「**あなたと私は違う**」ということです。

これがコミュニケーションの前提条件です。

私たちは生まれ育った環境も違えば，経験してきたことも違いますし，気質もそれぞれ違います。成長段階で形成された自己概念や価値観，人生観，仕事観，恋愛観まで，さまざまな違いがあるのです。そして，その違いがあるからこそ，私たちはコミュニケーションをもとうとするのです。互いにわかり合うために。わかり合うためのやり取り——このやりとりがコミュニケーションだということについてはすでに述べました。

私たちは，それぞれみな違います。だからこそわかり合おうとするのですが，だからこそ関係性に不具合が生じたり，相互の理解が深まったりするのです。違うからこそ，コミュニケーションが大事なのです。

❷ コミュニケーションのあたりまえ

互いに違うことで，話の内容の意味がかみ合わなかったりすることはよくあります。誤解が生じたり，わかってもらえないと嘆いたりすることは，私たちに強いストレスを与える場合もあります。

しかし，互いに違うのですから誤解が生じるのは自然なことです。なかなかわかってもらえないこともあります。私自身，相手に理解してもらおうと関われば関わるほど何もわかってもらえないと感じて虚無感や絶望感に襲われたことがあります。あの手この手でがんばってみたにも関わらず，です。そして，気がつくと自分が言っている事が支離滅裂になって恥ずかしさに耐えられなくなった経験もあります。

そう，コミュニケーションとは，そもそも「**うまくいかないな**」という気づきが生じるものなのです。誤解や，聴き間違い，意味の捉え違いや，感じ方の差など，内容の意味がかみ合わないという困難さを感じたら「コミュニケーションが下手だから」と思ってしまう人は多いのですが，実はごく自然な現象です。

いや，やはりコミュニケーションが下手だからだ。上手ならば確実に伝えることができるはずだ，というのであればコミュニケーションの上手な人にボイスレコーダーに台詞を吹き込んでもらってそれを流すか，あるいは暗唱すればよいでしょう。簡単なことです。

しかし，そうではないことは誰もが承知しています。私たちは「下手だから」「上手だから」という言葉でコミュニケーションを通して起こった問題を結論づけようとしがちですが，それがそもそもの大きな間違いだということをここで明言しておきましょう。

ここでお伝えしたいことは「**コミュニケーションとは"うまくいかないな"が起こる。そういうものだ**」と知っておいていただきたいということです。コミュニケーションというのは，未完成であり，かつ不完全な存在なのです。

そして，これこそ健康的なコミュニケーションの理解です。

私たちは，相手にわかってもらうため，相手を理解するために必死でスキルをみがきま

すが，訓練したスキルを用いて一度で完ぺきに伝えることや，一度で相手を正確に理解することなどを，追い求める必要などありませんし，またそれは現実的ではありません。

> **例** 親にしかられたとき，奥さんに疑われたとき，先生から指摘されたとき，友達に誤解されたとき，お客様を怒らせてしまったとき

　あなたは，一度で相手に納得してもらえたことなどありますか。あなたは，一度で相手との関係をすっかり改善した事がありますか。あなたは，一度で相手と深くわかり合うことができたという経験がありますか。

　人は，それぞれみな違います。同じ花を見て，すばらしいと感じる人も入れば，不快に思う人もいます。だからこそ，互いに「理解しあおう」として「関わりあう」ことが大事になってくるのです。

　さらに，はしがきで書いたように数回の関わりでわかってもらえなかったらもうダメ，相手の考えが理解できないから終わり，というわけではなく，わかり合えないからわかり合おうとするその過程そのものがコミュニケーションである以上，継続していくことが大切なのです。どうですか。健康的で創造的な活動だと思いませんか？

　理解しあえないことが問題なのではなく，理解しようと思わなかったり，関わろうとしないことが問題だと，コミュニケーションは私たちに訴えかけているようにさえ思います。現実のコミュニケーションにまつわる多くの課題はここにあるのではないかと考えられるのです。

　本章に述べられていたコミュニケーションの前提と，これまでコミュニケーションがうまくいかなかった経験とを思い出しながら，下の欄に書いてふりかえってみましょう。

_____
_____
_____
_____
_____
_____
_____
_____

03 組織の中のコミュニケーションの人間観

03-01 人間観を考える意味

❶ 健全な人間観

　本章では**人間観**について考えていきます。人間観とは，「人とはどんな存在なのか」という問いに「人とは，……という存在である」という文章の……を埋めて文章を完成させるなかでみえてくるものです。では，なぜこのようなことを問題にするのでしょうか。

　少し回り道をしながら説明してみます。私は，仕事柄，企業の研修導入担当者と知り合う機会が多くありますが，その方々から受ける質問に「**研修をして本当に社員は変わるのか**」というのがあります。そこには，これまでいくつもの研修を企画して研修講師を呼んで研修を実施してきたが行動が変わる社員は見受けられなかった，その方自身も講師から自己変容を起こすほどの影響を受けたことがない，という個人的な経験に裏づけされた強い疑念が見受けられます。

　お気持ちはよくわかります。何度企画してもいっこうに変化がないのであれば，不信を抱かれるのも無理はないでしょう。私は，この会話をするときいつもダイエットの製品を思い出します。若かりし頃，モデルのような体型になりたくてダイエット商品に飛びつきました。痩身エステも無料体験（通いたかった！　高嶺の花でした）しました。しかし，どんなに商品をとっかえひっかえしても，あまり効果は感じられませんでした。そのうち私は，ダイエット製品に強い疑いの気持ちを持ち始めたのです。余談ですが，アンチ・エイジングを謳う化粧品もいろいろ使ってみましたので，その効果にやはり疑いの目を向けることもあります。このように自らの経験の連続から形成される信念は強いものです。先の「何度研修を企画しても一向に社員の行動の変化がないのであれば，研修という教育にたいして疑念が出てくる」というのは，このような概念形成という意味で理解できます。

　しかし，これはとても危険な考え方でもあるのです。不信感をもって関われば，その態度は表面化します。たとえば，上記のような質問をされる研修企画の担当者には，どのように説明してもまず研修を導入していただけません。いかなる説得法を用いても論駁されてしまうのは，そもそも**信じていない**からです。

信じられないものを人は買いません。その結果，たとえば，これまでの付き合いの長い講師にたのんで専門外でも研修課題をしてもらったり，手頃な研修をさがして実施するなど，教育の目的をもって研修を企画するのではなく，年間スケジュールをただ消化するようにアリバイとして行うケースも多々あります。そこには「教育をしても人は変わらない」という，その担当者さんの**人間観**が見え隠れし，それが研修導入に強い影響を与えているようにみえます。おそらく，その人間観を持ち続ける限り，社員が成長をするための教育プランを積極的に立案する言動はなかなか起きてこないでしょう。

もちろん，現実的な問題として講師の力量や研修の構成の仕組み，受講者のパーソナリティなども教育成果に与える影響として挙げられますが，私がここでいいたいのは，この

Column 1 パーソナリティ：性格を四重円で説明するモデル

下の図をみてください。大きな円の中心の円（気質と呼ばれる）とすぐ外側の円（気性と呼ばれる）は「キャラクター」と呼ばれるもので，不変とされています。よく「泣いてばかりいる赤ちゃん」とか，「おとなしい赤ちゃん」という言い方をしますが，これらは持ち前の気質で，複数の気質を組み合わせたものを気性と呼びます。たしかに，努力しても努力してもなかなか変えられない自分というのは認識できます。

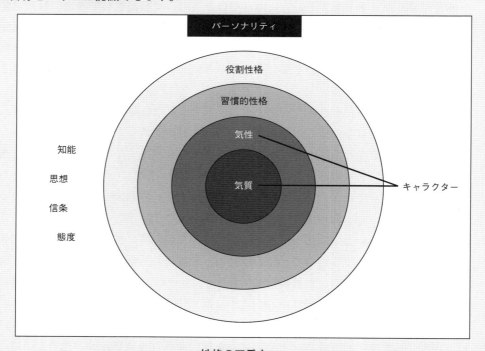

性格の四重丸
4重丸を取り巻いている知能や思想などを含めた四角い領域全体を「パーソナリティ」という

ような人間観でいる限り，人に対してある見方やアプローチしか選択できなくなるということです。

　組織の中のコミュニケーションでも同じことがいえます。たとえば，「どうせみんな自ら進んでやるはずはないから」「俺しかできる奴はいない，みんなダメな奴ばかり」と歪んだ人間観をもった人から，「積極的に企画を提出してほしい！」「すばらしいアイディアを期待している！」などのメッセージが発せられると想像できるでしょうか。「毎日がんばっているね！」「この企画を君に頼みたい」などと期待されるでしょうか。失敗した後に「こんどはもっと効率的にできるよう，挑戦してみてほしい」と言ってくれるでしょうか。その人がそのメッセージを発言することがきっとイメージしにくいと思います。**健全**

　その外には「習慣的性格」が形成されるとこのモデルは説明します。環境によりつくられる性格のことで，家族，生活の文化，友人などさまざまな外部環境の影響を受けて形成される層です。

　習慣的性格の外には「役割性格」というのがあり自分が主体的に作り上げる性格と考えられています。兄らしい振る舞いとか，社長としての自分，などがこれになります。この4つの層が「性格」と括られているもので，「性格の四重丸」とよく呼ばれています。

　このモデルは，キャラクターは変わらないが，幼年期を過ぎて形成されていく「習慣的性格」や「役割性格」は，変容可能であると示しており，簡単にいえば「人には変えられない部分もあるし，変えられる部分もある」ということを述べたものです。

　心理学でもよくいわれる「過去と他人は変えられない，自分を変えることは可能」というのは，この「習慣的性格」や「役割性格」の領域が変容可能である，ということを指します。この四重丸の外側には，外には「知能，思想，信条，態度」などが取り巻いていて，これらすべてを称して「パーソナリティ」と呼びます。

　性格の土台になっている「気質」は遺伝によって決まる部分が大きいといわれ，変化しない，あるいは，あまり変化しないとされます。そして，気質そのものによいも悪いもありません。人は自分で認めたくない自分の気質を責めたり，恥ずかしいと感じ隠そうとしたり，あるいは，別のものに見せようとして行動することがしばしばありますが，自分のもっている気質をよく知り，それを受容して，自分の核をなす気質をいかしていくことが自分らしく生きるということです。

　気質を取り巻く気性は，幼少期にほぼ形成されるといわれます。これには，親の存在が大きく影響をうけるので，本人がもって生まれたものというよりも内在化したものと表現した方が適しているようです。この2つの層は狭義の人格とされ，大人になってからは変容しにくい，ほぼ変わらないと考えられています。それをとりまく習慣的性格が自らの意思で変容可能な部分で自分が変えたい，変えるべきだと考える悪習を努力により変えていくことができます。悪習というくらいですから，それは「行動の変容」と捉えられます。

　最後に役割性格ですが，これは成長するに従い自分でコントロールできるもので，自分が置かれている立場や環境によって，比較的自然な流れで変え，あるいは変わる態度です。ここはソーシャルスキルに該当する部分といえます。

な組織の中のコミュニケーションは健全な人間観をもっているからこそ成り立ちます。

Case Study 3

　私が知っているある団体の事務局長さんは，積極的に研修を導入していきます。その方は，やりとげることがなかなかできない，積極的でない職員がいることも認めながら，人びとの可能性に期待をしています。問題点を理解しているからこそ，その改善策の1つとして研修訓練という方法を導入し，職員の能力開発に取り組んでいるのです。もちろん，OJT（On-the-Job Training）にも積極的です。
　このことからも，この方は「人は成長するもの」「のびていくもの」という人間観をもっていることがわかります。以前，1年間の定期的研修をしたときの最終日に全職員の前でくださった言葉が忘れられません。「やりかた1つ！」という言葉です。

　上のケーススタディの事務局長さんは「教育のやり方1つでみんなは動き始めた」と研修を通してメンバーが変化を起こし始めたことや，今，全員ががんばっているということを，職員の方々に伝えていました。健全な人間観とはこういったことをいうのです。
　そうそう，最初の「研修をして本当に社員は変わるのでしょうか」という質問をお受けしたときの私の回答ですが，もちろん「はい」と答えます。正確にいうと「**変わり続ける**」ですが……。
　私たちが生きている現実は常に動いているという動学的立場を取っている私は，人も刻一刻と変化していると考えます。パーソナリティ理論でいわれているように**普遍的な気質**（☞18頁）というものも認めつつ，気質が変わらないからといってその人の価値観や行動

Column 2　認知的不協和理論

　「頑ななまでに強固な確信をもっている概念と矛盾する事実が起こったとき，人は当初の概念を解消するのではなく，むしろ頑なであればあるほど中和されて協和をもたらせようとするための情報が意図的に形成され概念変更をすることはない」と，レオン・フェスティンガーは結論づけています（Festinger, 1957）。これは「認知的不協和理論」と呼ばれるものですが，もはやこの状態になれば状況に応じた判断は見込まれない，とも結論づけています。
　以前，テキパキと指示を出している女性にその仕事ぶりがすばらしいとお伝えしたことがあります。その女性は面食らった顔をしながら必死になって「いかに自分の仕事ぶりがお粗末か」を力説してきました。彼女のその強固な信念（？）はなかなか手強いものでしたが，時間をかけて彼女自身が自分の行動をふりかえって検証し，周囲のフィードバックによる情報を整理することで次第に薄れていきました。
　つねにさまざまな情報を積極的に取り入れ，客観的に分析し複眼的に検証していきたいものです。健全なコミュニケーションには，柔軟な情報の入出力や複眼的な分析・検証が個人内でも組織内でも行われているべきだといえます。

が決して変わることがないという結論にはなりません。価値観や行動は経験に強く影響を受けて変化していくものだからです。

❷ 人は成長し続ける

人は日々さまざまなものに影響を受け変化を続けていきます。時には，好ましくない方向に変化するかもしれません。時には，多くの人から賞賛される方向へと変化を遂げるかもしれません。

繰り返しになりますが，人は変化し続けると考える私はファシリテーターの1人としてあきらめずに取り組んでいく道を選んでいます。今，この瞬間，うまくいかないからといって，あきらめません。疲れ果てて休みをとったとしても，休憩を取ったというだけで，私はあきらめることなどできないでしょう。最後まであきらめないこと。

「人はその気になればさまざまな課題を乗り越える力と未来への可能性をもっている」。このような人間観を私は信念としてもっています。では**「最後」**とはいつか。それは私の人生が終わるときで，そのときまで仕事ができるかどうかはわかりませんが，教育者の1人としてだけではなく，人生をとおしてそのような生き方をしたいと考えています。

このように，「人間観」というくらいですから，その考え方は自分に対しても作用しています。つまり**「私の生き方」**ということになります。

最後に余談ですが，こんなにアレコレと御託を並べている私ですが，私も「変化しつづけている」ので，ありとあらゆる失敗やへまやおっちょこちょい，あるいは成功を繰り返しています。以前，講師の先輩に言われました。「はっちゃん（私）は，イノシシみたい。猪突猛進で。でも，怪我をしたことさえも気がつかずに走り続けているよね」と。

ハイ，昔はそうでした。

現在は成長したようで，さすがに怪我をしたときには，いの一番に気づきます。だからでしょうか？　行動も早めに修正をかけることができるようになっているこのごろです。

03-02　組織の中のコミュニケーションの人間観

❶ 組織が影響を受けているもの

いよいよ本題です。**組織の中のコミュニケーションにおける人間観とは何でしょうか？**
これを考えるには，組織の活動様式をみていくと理解が促進されます。

第1章で「組織では人が集まって何をしているのでしょう？」という問いがありました。そしてその回答は，抽象的ではありますが「さまざまな活動をしている」とまとめました（☞4頁）。では，**さまざまな活動とは何でしょうか？**

営業活動だったり，商品製造であったり，商品開発や，決済活動だったりします。地域

のイベントに参加するというのも企業活動として位置づけている場合もあるでしょう。ありとあらゆる具体的活動をし続けています。

　その具体的活動がどのような性質のものかをみてみると,「問題解決」であったり「課題突破」といったものだとわかります。これも第1章に書きましたが,組織には目的があり,その目的のために目標が設定されています。その目標達成までの道のりでいろんな問題に直面します。したがって目標を達成するために,問題を解決しながら課題を突破することに日々取り組んでいるのが組織の活動です。これを創造活動といいます。

　SOL（組織学習協会）の初代会長であるピーター・M・センゲ（2011）はこのような組織を「学習する組織」と表現しています。具体的には「目的に向けて効果的に行動するために集団としての『気づき』と『能力』を**継続的に高め続ける**組織」だと述べています。

　この学習する組織という概念は1970年代からハーバード大学教授のクリス・アージリアスにより提唱され始め,1990年にピーター・M・センゲの『最強組織の法則』（センゲ,1995）が発表されたことにより日本でも爆発的に関心が高まりました。

　ここでも動学の考え方が出てきます。外部環境,そして内部環境と,企業は常に多様なことに作用され動き続けています。もちろん,スパイラルアップの姿勢で動き続けています。組織の中のコミュニケーションにおける組織観はここにあります。

❷ 組織観と人間観

　組織の中のコミュニケーションにおける組織観が**「組織は,成長するものである」**で,あれば,組織の基盤となる構成要素である組織に所属する人びとにも以上の性質があてはまるでしょう。

> ■ 組織の中のコミュニケーションにおける人間観
>
> 「成長する存在である」
> 「自ら気づき,問題解決ができる能力をもっている」
> 「行動し結果を生みだす存在である」

　これが,組織の中のコミュニケーションにおける人間観です。

　組織の中のコミュニケーションを学び始める第一歩として,これら3つの人間観をもって取り組まなければ,学びはすべて絵に描いた餅になってしまうので,しっかり整理しておきましょう。

1) 第3章で自分が大事だと思うキーワードを書き出してみましょう。

_____
_____
_____
_____
_____
_____
_____

2) 書き出したら，メンバーとシェアをしてみましょう。シェアをしながらひらめいたことや補足したいことなどをメモしていきます。

_____
_____
_____
_____
_____
_____
_____
_____
_____
_____

04 チームワークを高める コミュニケーション

04-01 なぜ「チーム」がテーマになるのか

❶ チームに期待されていること

　本章では「チーム」という言葉を使って進めて行きたいと思います。では，なぜ「チーム」がテーマになるのでしょうか。それは組織活動がチーム単位で行われるからにほかなりません。組織は人の集合体ですし，1人ひとり組織活動をしているため，活動の単位は「個人」だと考えてしまいがちですが，実際の仕事の現場では組織の活動単位はチームであると考えます。組織図を思い描くとわかりやすいでしょう。いくらフラット化が推奨されている会社だとしても社長以下個々人が組織図にぶら下がっていません。課・係など複数のメンバーで編成しチーム化されています。チームの能力は，個々人の能力の総和を超えた結果が生まれると期待されているからです。「1人＋1人＝2人のもっている能力の和」と考えるのではなく，**「1人＋1人＝互いに影響し合い，作用が起こり，新しい可能性が生まれる」**と考えるのです。1＋1＝2ではなく，3にも4にも膨らみ，広がっていくのを感じます。それが複数の人が関与するチームに期待されていることです。

Case Study 4

　講演を得意とする時事問題にくわしい経済解説者と組んで仕事をすることがあります。私自身は時事問題も，経済のこともあまりくわしくありません。正直なところ講演はひどく下手です。お相手の経済解説者は私のようにワークをファシリテートできませんが主張や講演にはたいへん慣れています。しかし，対話を引き出したり促進することについては経験もノウハウもなく，能力開発の分野は素人だといいます。共通点は立場が「講師である」ことくらいでしょうか。その私たちが組んで仕事をした場合でも，参加者は「時事問題について経済解説者から的確な情報を入手でき，能力開発についてのワークを受けられる」だけではありません。私たちがタッグを組み互いにもっているリソース（資源）が違うため，それを活かし合うよう話し合って工夫した結果，たいへんおもしろいことが起こります。
　研修の参加者は，第1部で経済解説者から時事問題を聴講し，第2部では入手したての最新情報を，ワークを通し「自分たちが活かす情報」として加工することができます。例を挙げると，講演で得た情報について因果関係を掘り起こし分解し，検討し，自社に関連する情報，活かせる情報，警告となる情報など，生きたコンテンツを獲得し，それに基づいて計画化や意思決定も行うことができたのです。

❷ マイナスの面

　残念に思うのは，実際の研修の場に入っていると，場合によっては２＋２＝１になるなどマイナスの作用が始まるチームもあることです。

Case Study 5

　以前，ある女性と一緒に仕事をすることになり，２人で営業に行きました。彼女には人脈がありましたので理想的な営業先にスムーズな提案をすることができました。私は人脈がありませんでしたが，専門性とその分野での実績がありましたので，企画書を仕上げてプレゼンをしました。２人の強みを活かしてチャレンジした営業は先方のニーズを満たすことができる可能性があると判断されて，見事に仕事を獲得することができました。
　それぞれが個別に営業をかけていたら，おそらくとれなかった仕事です。
　ところが，いざ現場に入ると私たちはコミュニケーションがうまくとれず，次第にぎこちない関係になっていきました。なんとかしようとあの手この手を使いましたが，距離は縮まらず開く一方。それも悪い方へ悪い方へと流れて行きました。まさにバラバラのチームになりました。その様子は受講した人にわかるほど隠しようのないギクシャクさで，プログラムの進行もお粗末でした。
　私たちは，組んだことで仕事を獲得しましたが，組んで現場がスムーズに行かなくなり，やがて関係にも亀裂が入りました。互いに，マイナスに作用したのです。そのときはベストを尽くしたつもりでしたが，今ならこの時の経験を活かした解決策をとることができると思います。当時のスキルも幼稚で，苦い思い出です。

　グループ単位で活動をすることで，時にメンバーのモチベーションを低下させたり，行動を抑制させることがあります。人と人が集まって何かをすると，必ず総和の結果が生まれるというわけではないのです。もちろん，最初に書いたように互いの影響からモチベーションを高め合い最高のパフォーマンスを生み出したり，互いが学び合うことで行動改善などができるものでもあります。
　チームというのは，このように１人で行動するときには思いもよらなかった現象が起こる存在ですから，人と人をつなぐコミュニケーションが重要なヒューズの役割を果たすことになります。命綱という言葉を用いてもよいと，私は考えているほどです。
　すこし話を戻しましょう。組織は総和以上のものになることを期待して活動単位をチームとしています。三人寄れば文殊の知恵ではありませんが，１人より２人，２人より３人，３人より……こうして集まって作用し合うことでさらに高い質の結果を出すことを意図しています。なぜでしょう？

_____
_____
_____

それは，第1章に明記したように，組織の目的を果たすためです。

あなたがこれまで，誰かとともに何かをして，とても満足できる結果を出せたのは？ 具体的に書き出しましょう		
いつの話？	メンバーは？	どんな結果を出した？

あなたがこれまで，誰かとともに何かをして，うまく行かなかったのは？ 具体的に書き出しましょう		
いつの話？	メンバーは？	どんな結果になった？

04-02 チームワークとは何か

❶ チームワークの思い出

「チームワーク」という言葉もコミュニケーション同様よく使われている言葉です。

私は，たしか小学校時代のリレーのときに初めて耳にしたように思います。とてもインパクトがありました。というのも私の時代は選抜ではなく全員参加のリレーでしたので，私も走者でした。走りが得意でなかった私は，マラソンは持ち前の根性でやり通しましたが，速さを競うリレーでは全く戦力にはなりません。現に，運動会当日には，バトンを受け取りドタドタと走ってチームの順位を下げてしまい肩身が狭かったことを覚えています。「チームワークを乱すよのぉ」とボソッと男の子に言われました。足の速い子でしたので私のような走者がいることが耐えられなかったのかもしれません。

別の年には，がんばらなくてはという焦りから無我夢中で腕を大きく振りすぎ，私の隣を抜きかけた他チームの走者が持つバトンに腕があたり，バトンははるか遠くに飛んでしまいました。意図的ではありません。が，そのせいで相手チームは順位を落として，その女の子からはしばらく口をきいてもらえませんでした。

このとき私は，自分の行動が「チームワーク」を壊す主要因だったと悩みました。今となっては知る由もありませんが，「みんなはどう思っていたかな？」と，時々思い出して胸が痛くなります。

❷ チームワークとは何か

悲しい話で始まりました。小学校でこの言葉を耳にしてから以降，今日までチームワークという言葉を幾度となく耳にしてきました。特に組織の中では多用される，身近な言葉です。チームワーク関係の研修の仕事を受けたときには，やはり冒頭で「チームワークとは何だと思いますか？」と聞いてみます。回答はまちまちで，ある人は連携だといい，ある人はみんなで成し遂げることだと言います。協働関係だよ，と言う人もいました。これらは，正しくはありますが，ある側面を捉えただけの言葉で収まってしまっています。

そこで，米国SIT（School for International Training）にて体験学習の教授・学習過程を研究し，現在日本のラボラトリーメソッドによる体験学習の第一人者で南山短期大学名誉教授の星野欣生が定義したチームワークを紹介しましょう。

星野（2007）はその著書のなかで「**チームワークとは，チームを構成する複数のメンバーが目標に向けて行動していく過程**」だと述べています。この言葉をどう読み解くかですが，「目標に向けて行動したこと」でもないし，「目標に向けて行動していること」でもなく，その**行動の過程**とあるため，星野氏は行動の連続性を示唆していると考えます。

星野が定義したこの言葉を分解してみると次のように理解できます。

■ チームワークの定義を分解してみると……

①チームは複数の人の集まりである
②チームには目標がある
③チームは目標に向かって行動を起こす
④チームの活動は結果ではなくその過程が大事であり
⑤従って,チームワークは結果に至るまでの過程の有り様についての表現である

そう。チームワークとは結果に至るまでの過程の有り様について表したもの。ですから,チームワークがうまくいっているというのは「結果に至るまでの過程の有り様が適切である」ということになりますし,チームワークを高めたいというのは「結果に至るまでの過程の有り様を最適化したい」ということだと解釈できます。

星野はさらにチームワークのポイントとして,以下の6点を挙げています(星野,2007)。

■ チームワークのポイント

①目標の明確化と共有化
②情報の共有化
③反応のコミュニケーション
④協働すること
⑤役割の分化と統合
⑥集団意思決定過程の共有化

ここまでで,重要だと思った部分にカラーペンでラインを引き,自分の言葉で箇条書きにして整理してみます。

_____
_____
_____
_____
_____
_____
_____
_____

整理ができたら,メンバーとシェアして,気づいたことがあれば更に欄内に追記します。

05 サイレントワークでチームワークを考える

05-01 サイレントワーク

❶ 本章のねらい

ここからは、**チームワークの阻害要因**について考えて行きたいと思います。

ここまでは、設問に対して個人の考えを記入し、隣の人やメンバーでシェアするという流れの話し合い法を活用し、理解をより深めることをしてきました。ここでは、体験学習を用いてみます。「阻害要因は何だろう？」とあれこれ頭の中で憶測しながら考える前に、まずは実習をしてみてそこからヒントを得て、より具体的に、そして体験的に阻害要因をみつけてみましょう。

❷ サイレントワークとは何か

私がチームワークについて考える研修や授業をするときには、**サイレントワーク**（conversation by writing）を学習の素材として用いることが多くあります。ずいぶん前からアメリカでたびたび使われたというこのワークは、最近ではプロジェクトマネジメントの学習の場面で活用されることも多いと聞きます。ある人はそれを「チームワークゲーム」といい、ある人はそれを「ABCDE ゲーム」と呼びます。また別の人は「サイレントチームゲーム」「コミュニケーションゲーム」などといっています。他にも呼び方があるかもしれません。長く多くの人に愛用され編集され、人から人へ受け継がれているこのワークを紹介しますので、まずはこのワークを体験してみてから、チームワークの阻害要因について考えを深めていきましょう。では、さっそく準備に取りかかりましょう！

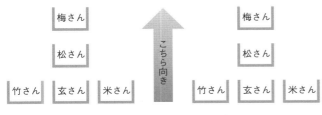

図 5-1　サイレントワークの席配置

❸ 実習の概要

実習の概要について以下にまとめてみました。

実習のねらい	チーム内でのコミュニケーションの阻害要因を学ぶ（チームワークに必要なコミュニケーションについて学ぶことができます）
グループのサイズ	5人程度（6人まで）　10組程度同時に実施可能
導入の機会	チームワークの学習を始めるグループにチーム内でのコミュニケーションが固着化したとき
対象者	特に限定しない
実施時間 合計2時間弱程度	導入［15分］➡実習［15分］➡役割公表［5分］➡ふりかえり［60分］ ➡資料の紹介［10分］➡コメント［5分］
準備物	課題シート（☞31-2頁）が入った封筒　……………1グループ人数分 メモ紙……………………………………1人30枚〜40枚程度 筆記具……………………………………1人一本 模造紙……………………………………1グループ1枚 マーカー……………………………………適量 タイマー……………………………………ファシリテーター用 ガムテープまたはマグネット……………模造紙貼付用 ふりかえりシート（☞35-6頁） 参考資料 小講義のための資料 ●課題シートは，事前にコピーして封筒に入れて用意しておくこと ●封筒には，役割名称を書くこと ●雑用紙は，A4サイズを4分の1程度にきったものをあらかじめ用意しておくこと
会場の設定	まずは，椅子だけで着席する。席の配置は前頁の図5-1のとおり。ワーク終了のふりかえりの際には，1つのグループに模造紙1枚が十分に乗るサイズの机と，人数分の椅子を島形式で配置し，各グループの話し合いが邪魔にならない程度の距離をもつように配置する。発表時にホワイトボードや壁に模造紙を貼付して発表するため，添付場所を確認しておく。
ファシリテーター	1人でも可能。事前にファシリテーターのための指南書（☞38頁）などを読み込み，理解を深めておくこと。

❹ 準備物についての補足

準備物についての補足を以下にまとめてみました。進行役となるファシリテーターは必ず確認しておきましょう。

05 サイレントワークでチームワークを考える

☐ 封筒の様式
- 表面には，「梅さん」「竹さん」「松さん」「玄さん」「米さん」と書く
- 4人編成のチームがあるときには「米さん」を外す
- 6人編成のチームがあるときには「麦さん」を追加
- 封筒の中には図5-2の各メンバーの課題シートをA4コピーして入れる

☐ 封筒に入れるメンバーの課題シート
- 図5-2を確認

☐ メモ用紙
- どのような種類の紙でもよいので，A4の4分の1程度の大きさで1人30〜40枚程度を用意
- ホチキスなどで留めずに，輪ゴムなどでくくって用意しておく

☐ ふりかえりシート
- A4サイズで実習人数分をコピーして用意しておく

☐ 参考資料
- A4サイズで実習人数分をコピーして用意しておく

☐ 小講義の資料
- チームワークのポイント（☞28頁）を使う

図5-2a　封筒に入れるメンバーの課題シート

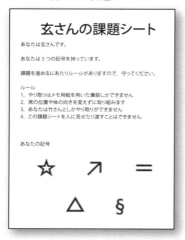

それぞれを A4 サイズの大きさでコピーし，封筒に入れます。
封筒には，名前を明記します。封筒の名前と課題シートの名前を確認しましょう。

図 5-2b　封筒に入れるメンバーの課題シート

❺ 実施の手順

準備が整ったら，手順に従いグループで実習を始めて行きましょう。

この実習は，実習をする人とは別に，実習を管理運営して行く**ファシリテーター**（促進者）が必要になります。ファシリテーター役の人は，事前に後ほど説明する実習の手順や留意点をしっかりと読み込んで，十分に準備を整え実習を開始します（☞ 38-9 頁）。

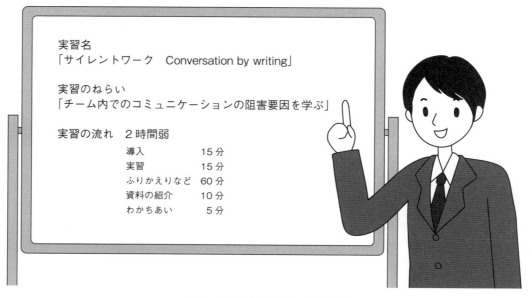

図 5-3　「実習のねらい」の提示

1	「実習のねらい」の提示	※実習名を示し，ねらいをホワイトボードに書いたり，模造紙に書いて掲示する。 例 実習名「サイレントワーク　Conversation by writing」 ねらい「チーム内でのコミュニケーションの阻害要因を学ぶ」（図5-3 ☞ 32頁）
2	準　備	「みなさん，椅子だけで5人チームを作ってください」。 ※最小人数4人，最高人数は6人までのチームで全体を調整する。 「では，まず『梅さん』『竹さん』『松さん』『玄さん』『米さん』を決めてください。どの名前を決めていただいても大丈夫なので，話し合ってお好きな名前を決めてください。決まりましたか？（必ず決まったことを確認）」。
3	席を整列	「では，このように（図5-1（再掲）を示し）みなさん同じ向きになるように椅子の向きを整えて，自分の椅子の位置に着席してください。そのとき，筆記具を各自ご用意ください」。 椅子だけで始めます ファシリテーター席 梅さん　　　　　　　　梅さん 松さん　　こちら向き　松さん 竹さん 玄さん 米さん　竹さん 玄さん 米さん 図5-1　サイレントワークの席配置（再掲）
4	シートとメモ用紙の配布	「次に，課題シートとメモ用紙を配布しますので，グループの代表の方お1人取りにきていただけますか。代表の方はグループに戻ったら，メンバーに封筒を渡してください。気をつけていただきたいのは，受け取ってもまだ開封しないで待っていていただきたいということです」。 ※各グループの代表者に，表に名前が書かれた封筒とメモの束をメンバー数分渡す。 ● 表に名前が書かれた封筒には，その人の課題シート【図5-2（☞ 31-2頁）】が挿入されている。 ● メモは1人につき40枚程度。文字を書くことさえできれば，どのようなメモ紙でもかまわないが，大きさはA4の4分の1程度の大きさが使いやすい。特にホッチキスで留めたりなどはしないでおく。
5	ファシリテーターの開始宣言	「では，これから私が『始めます』と言いましたら，それぞれ封筒を開封して中をみて課題を始めてください。みなさんの力を結集すれば必ずこの課題はグループで達成することができます。また，シートにはルールが明記されていますので，ルールは守って課題を進めてください。途中，基本的に質問はお受けできませんのでご了承ください。それでは，『始めます』」。 ※タイマーを15分でセットする。

6	実習15分間	※実習中は，ファシリテーターは目立たないようにしておく。 ※途中質問がきても，会話はできないことを伝え，また基本的に質問には答えられないと伝える。 ※時間内にできあがったチームがいたら，答を見て正解かどうか確認する（正解は☆印をつける）。 ※合っていれば，室外に出てもらい，それぞれの課題シートに書かれていたことを開示し合ってリラックスした時間をすごしてもらう。
7	役割公表	※15分経過したら，終了宣言をする。 「時間になりましたので，これで実習を終わります。達成できたチームは，＊＊です。さて，まずは答えの公表の前に，それぞれの課題シートを読み合わせて，お互いの役割を理解しましょう」。 ※椅子を各グループで車座にして，課題シートを見せ合う。 ※自由に話をしてもらう。 ●ふりかえり　　　60分 ●資料の紹介　　　10分 ●コメント　　　　5分
8	ふりかえりシートの記入	※いくつかの机を島のように配置し，ふりかえりシート（☞35-6頁）を配布し，15分程度かけて各自に記入してもらう。 ※ふりかえりシートの記入が終わったら，書いたことをシェアする。このとき，机の上に模造紙を置き，手のあいたメンバーが発表された意見を要約して書き留めていく。 ●時間は30分 ※残りのふりかえり時間（15分）を使い，各グループが全体発表をし，全体でふりかえりをしていく。
7	資料の紹介	※過去，このワークを実施して，感想として出てきたものを配布【参考資料1】し，読み合わせながら，小講義を行う。 ※この際，前出の星野欣生氏のチームワークのポイント6つを参考にするとよい。
8	コメント	※参加者（各グループから1人ずつ指名し）から，感想をもらう。

※ファシリテーター：促進する人（ここでは，この実習を受講者が終了までたどり着けるように促進をする役割をとる人のこと）

❻ ふりかえりシートとコメント例

各メンバーは**ふりかえりシート**（☞次頁）と呼ばれるシートに記入することで，体験を整理し，自分を考察していきます。

05　サイレントワークでチームワークを考える

●**実習をふりかえる！　ふりかえりシート「チームワークという視点で」**

役	①実習中，あなたが心の中で思っていたこと	②もう一度同じ実習をするとしたら「ここを工夫したい」「ここに注意を向けたい」など
梅さん（　　　）さん		
竹さん（　　　）さん		
松さん（　　　）さん		
玄さん（　　　）さん		

役	①実習中，あなたが心の中で思っていたこと	②もう一度同じ実習をするとしたら「ここを工夫したい」「ここに注意を向けたい」など
米さん（　　　）さん		
麦さん（　　　）さん		

※このシートには，自分の役割の欄について①②の問いに答えます（記入）
※全員でシェアするときは模造紙に一覧表にしてそれぞれのコメントを入れていくとよいでしょう。

■その他
・感じたことを自由に表現する

_____
_____
_____
_____
_____
_____

これまでのコメント集【参考資料1】

梅さんでもっとも多かったコメント
- メモが回って来なくて，どこまで進んでいるのか進捗がわからなかった。
- 仕事が進んでいるのかどうか状況が把握できなくて不安だった。
- 他の人たちの状況がわからなかった。みんな自分と同様の情報を知り得ているのかと思っていた（そもそも，そこに何の疑問もなかった）。
- なぜ，みんな積極的になってくれないのかと，腹が立った，など。

竹さんでもっとも多かったコメント
- メモが次々に押し寄せ，どうしてよいかわからない。
- 情報が多すぎて混乱した情報はたくさんあったが，どの人がどのマークをもっているのかなど「正確」な把握ができない。
- 誰かに助けてほしかった。
- 松・玄・米さんに申し訳ない。思うように動けなかった（結果が出せなかった）のは自分のせいではないか。
- 梅さんが細かく言ってきてくれたが，忙しくてそれどころではなく困った，など。

松さんで多かったコメント
- 何をしたらよいのかわからない。
- 情報がないので質問しても，返事がなかなか返ってこない。何をしているのかわからない。質問したくても竹さんは忙しそう。
- わからなくてやる気が全く出なかった。しかも，いつの間にか終っていた。
- 何をしたらよいのかわからないので，好きな話をしていた（この後の懇親会の話）。
- 勝手にやってくれという感じ。これ，何のための実習？　さっぱりわからない，など。

玄さんで多かったコメント
- 何をしたらよいのかわからない。困る。
- 目的がみえなくて意味がまったく見出せない。
- 情報が少なくて，作業はすぐ終る。ヒマ。
- 俺たちは何のために，ここにいるのだろう。
- 竹さんをせかしすぎたかもしれない。反省している。
- ちゃんと説明してもらわないと困る。

米さんで多かったコメント
- 何をしているのかさっぱり判らない。腹が立つ。
- 情報が少なすぎて動きようがない。
- 情報がなくて困った。やる気を無くす。前の方で勝手にやれば？という感じ。
- 始まって，訳がわからず終わったという感じ。何にも関わらせてもらってない。なんじゃ？　これ。
- 「何もできなかった」と言っている私は，いつもと変わらない私だと思った。またしても挑戦できなかった。

■さぁ，いかがでしょう？　複数の人の関係を阻害する要因があなたなりに見えてきましたか？

❼ ファシリテーターの簡易指南書

　これは，実習をファシリテート（促進）していくための指南書です。ファシリテーター（進行役）は事前に読んでファシリテーターとしての役割を理解しておきましょう。

【基本姿勢】　ファシリテーターは，実習を促進するための言動を心がける。促進のためには，対象となる主体が必要だが，その主体が学習者（実習体験者）である。学習者が実習のねらいに即して主体的に学ぶためのさまざまな促進アプローチをするのがファシリテーターの役割だといえる。

ファシリテーターにはいくつかの基本姿勢が求められている。すべては促進者であるための姿勢である。

1　【プロセスを観察すること】
　※グループの中で取り扱われているテーマ（＝コンテンツ）に対して，表面化していない事柄を総称してプロセスという。プロセスは表面化されていないので気づきにくいが，非言語表現となって表面化することがあるのでそれをサインとしてプロセスに着目することができる。
　※たとえば，「そわそわした様子で時計を何度も見る」という非言語表現の奥には，その人のプロセス（心の動き）が存在していると観察できる。どういったプロセスが存在しているのかは，その人に聞いてみなくてはわからない。勝手に判断することはできないが「プロセスを観察」することはできる。見過ごす場合もあるので，ファシリテーターは非言語表現がサインとなるグループの中で起こっているプロセスをていねいに観察し記録しておく。

2　【勇気をもって介入すること】
　※プロセスの手がかりとなる非言語表現をみつけたら，勇気をもって介入してみよう。
　※介入は「フィードバックする」「質問する」などのやり方がある。たとえば，「先ほどから何度も時計をみてそわそわしているように感じますが」と言って介入をすることなどである。

3　【正直であること】
　※ファシリテーターは正直であることが大切である。
　※自分の中に起こるプロセスにも目を向け，必要に応じて表出してみる。

4　【問いをもつこと】
　※目の前で起こっている事柄について，問いをもちながら関わっていく。
　※「なぜ，あの発言が起こったのだろう？」「なぜ，AさんとBさんは目を合わさないのだろう？」「なぜ，あまり動かないのだろう？」……こういった問いを出発点とすれば，プロセスの観察や介入へとつながる。

5　【複眼的に事柄を見ること】
　※ファシリテーターは自分の枠組みで事柄を捉えず，学習者の立場や，役割を超えた立場などさまざまな立場から事柄を見ることが必要である。それによって，誘導することなく促進するというサポートが行えるようになっていく。そのためにもファシリテーターは自分がどのような枠組みをもっているかを十分に知っておくことが必要である。

【ふりかえりの進め方】　実習などの体験をした後に，その体験を掘り起こし「なぜそのようなことが起こったのか」を考えることを「ふりかえり」という。ふりかえることにより「気づき」が得られるため，体験学習のことを俗称で「気づきの学習」ということがある。ファシリテーターは，学習者が「気づき」の地点まで行き着けるように促進というサポートをしていく。体験学習では，「気づくこと」「学ぶこと」を目的としているので，ふりかえりの時間をとても大切にしている。
ファシリテーターが明確にグループに介入していくのは，このふりかえりの時間といっても過言ではない。実習中観察したことを，ふりかえりの時に質問などを用いて介入をしたり，ふりかえりをしながら観察できたプロセスをその場で介入したりなど，ファシリテーターの動きが活発になる。

ふりかえりには次の２つの方法がある。

05 サイレントワークでチームワークを考える

■シートを用いてのふりかえり

1	※ふりかえりシートと呼ばれるシートに記入することで，体験を整理し，自分を考察していく。ファシリテーターは学習者に， ●正直に，具体的に，記入すること ●自分自身にしっかり焦点を当てること を知らせておき，記入に注意を促す。
2	※全員がふりかえりシートを記入したら，シェア*していく。 ※記入したことを歪曲あるいは婉曲することなく，ありのまま発表することを知らせておき，シェアのための注意を促す。
3	シェアをしながら，学習者の気づきを促進するために介入する。
4	学習者同士で質問などが起こるよう促す。
5	十分にシェアが終わったら，最後に学習者からコメントをもらう。

■シートを用いないふりかえり

1	グループのシェアをする……学習のねらいに即して，ファシリテーターが実習中に観察したデータを基にして学習者に問いかけやフィードバックを行いながら，学習者の発言を引き出していく。学習者同士が自由に質問しあえるよう，場に関わっていく。
2	十分にシェアが終わったら，最後に学習者からコメントをもらう。

*シェア（＝分かち合うこと）：それぞれの発言について評価の目をもつことなく，感じたこととして知り合う。

【小講義をする場合】　導入→実習→ふりかえりのあと，小講義をすることがある。
これは，体験と気づきを，もう一度冷静に整理していくためのものである。知識を得ることを目的とした講義ではない。
小講義の資料は，ファシリテーターが作成することが望ましく，学習のねらいに即してつくられる。
研究結果などのデータが用いられるケースもあるが，実際にあったこと（実例）などを用いて内容が展開されていく。小講義のやり方としては，以下の3通りがある。

①講義をして資料を配布する。
②資料を配布してみんなで読む。
③資料配布して，それぞれが黙読する。

どの場合も，資料が読まれた後「いま感じていること」を書き留めたり，シェアするとより気づきが深まる。

【体験学習を終える時】　体験学習は，自らの体験を学習の素材として，プロセスを扱いながらふりかえり，気づきを得る過程を踏むため，思いもよらぬ自分と直面したり，隠していた自分が露呈したり，メンバーの意外な一面に触れるなど，強く感情が揺さぶられることがある。
このようなとき，ファシリテーターはどうすればよいのだろうか。
私の体験では，たとえば，心が深く傷ついた状態で元の生活に戻ったことや，悲観的な感情のまま研修を終えたことがあった。一方，過剰に幸せな気分のままで元の生活に戻っていった人を見たことがある。
これは感情に支配されている状態であるため，自己を見失い現実の生活に適合するのが難しくなるといったことが起こる場合もあり，その人が孤立感を深めるといったケースもある。こうなると「辛い体験」として記憶に残り，「気づきの学習体験」ではなくなってしまう。
ファシリテーターはそういったことが起こらないよう，学習者のプロセスを最後まで観察し，学習者が「学習の場」が完結した感じを共有できる適切なクールダウンができるように援助し，終了しなければならない。ファシリテーターの自己満足や，時間に追われて中途半端に実習を終了してしまうようなことはあってはならない。
学習者は，自己を素材にして真剣な学びに入っている。ファシリテーターも真摯な姿勢でその場を管理しなければならない。
具体的なクールダウンの方法としては，個別に時間を設け，学習者のプロセス（あるいは気づき，あるいは直面したこと）にふれ，それについて可能な限り多くの複眼的視点をもてるよう働きかけよう。この場合，具体的なアドバイス，実例提供，なども大きな役目を果たす。これらにより，学習者が冷静に事柄を考えられるようになって，学習は完了する。
また，体験学習の本質の理解を促し，自己の言動を学ぶことについて説明することも大切である。

05-02　サイレントワークの整理

❶ サイレントワークのメンバー構造

　星野は，**チームワークの6つのポイント**（☞ 28頁）を整理していますが，それについては参考文献（星野，2007）をお読みいただくとして，ここではサイレントワークを通して整理した**チームワークのポイント**を書き出していきます。

　この実習の**メンバー構造**は，梅さんの課題シートの内容から，「梅さん＝リーダー」「竹さん＝梅さんの部下」「松さん・玄さん・米さん＝竹さんの部下」ということがわかります。たとえば梅さんが課長と想定するなら，竹さんは係長，松さん・玄さん・米さんは係員となります。

　この設定で話を進めましょう。ちなみに，実際の研修でこの実習をするとき，私は「社長」役で，課題シートには「ファシリテーター」ではなく「社長」いう言葉が使われています。ですから梅さんは時間内にでき上がれば社長に答えがみつかったことを報告することになります。

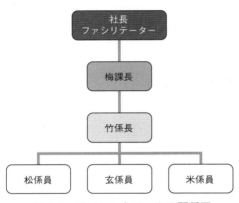

図5-4　サイレンとワークの関係図

❷ サイレントワークの状況整理

　状況を整理しましょう。**梅課長**は，社長から配られた課題の情報をすべてもっています。梅課長の課題シートには，具体的に課題やルール，制限時間までもが明記されていますね。

　竹係長は，自分がもっている記号の情報と自分の役割ルールのみです。**係員**である松係員・玄係員・米係員も竹係長と同じです。現実の職場でも，課題が上司からおりてくることはよくあります。企画として一般社員からスタートすることもありますが，企業活動として意思決定された場合は上位からおりてきます。この場合，社長が一斉に全社員に課題を伝えることはまずありません。訓示などのメッセージ性の強いものが全員のメールアドレスに送られるというケースはありますが，具体的な業務指示が社長の手で一斉送信というのは聞いたことがありません。まずは発動する上司の直属の部下にあたる人に（ここでは課長＝梅さん）に情報がおり，課長から係長に，係長から係員へと報告相談連絡などのコミュニケーションで浸透していきます。この実習は，その疑似状態がつくられています。

　さて，特徴的なのは**ルール**によって音声言語で会話することが禁じられていることでしょう。**メモの交換**のみとなっています。話すことはもとより，ジェスチャーさえ禁じられているのです。もちろんクチパク会話もルール違反です。しかし，現代では対話をせずに

メールでやり取りをすまそうと考える人もいるのですから，あながち架空の設定だとは言い切れません。参考にすることは十分にできます。

　それと，コミュニケーションがとれる相手が限定されてはいるものの，内容については限定されていないことも現実的です。つまり，筆談であれば，わからないことを質問することができるし，意見をいうこともできる。主体性さえあればどんどん関わることができます。そして，いよいよチームでわからないことがあれば，梅課長が直々に社長を訪ね質問することも可能なのです。メモのやり取りはメンバー間ですので，梅課長と社長は口頭で話ができることがわかります。

❸ サイレントワークの阻害要因

サイレントワークの阻害要因を整理していきます。

◉ 3-1　梅課長の阻害要因

　まずは梅課長です。いつも前を向いていなければならないため，後ろの様子は竹係長からメモでもこない限り気配で察するしかありません。なかなか恐怖の時間なのではないでしょうか。こういうとき人は**不安**になります。実際，梅さんを体験した人の多くが「状況が把握できず不安だった」「なかなか返事が返ってこなかったので，何度も今どうなっている？というメモを送った」などのコメントがありました。また，反応が少ないので「みんな，なぜ焦らないんだ？　他人事か？」と考えた人もいるようです。しかし，もっとも多かったコメントは，「自分が知っている情報はみんなが知っていると思い込んでいた」で，それにより情報開示がなされずグループの混乱が余儀なくされるケースがありました。

◉ 3-2　竹係長の阻害要因

　竹係長はどうでしょう。竹係長は，梅課長から具体的な情報がおりてこないため，自分も何をすればよいのか**明確でない立場**であるにも関わらず，梅課長からはどうなっているんだと迫られ，松係員・玄係員・米係員からも何をしているのかと集中的にメモが回ってきます。さらに「とりあえず記号を送れば何とかなるだろう」という独自の憶測による判断をした係員から，記号が書かれたメモが送られてくるなど，届いたメモに応答するのが精一杯，といって疲弊した人もいました。手元からメモ用紙をバラバラと床におとしている竹係長もいます。発信者の明記がないメモも複数枚あり，返す相手がわからないこともありました。

　また，情報量が多すぎて整理もできなくなり，誰かの援助が欲しかったのにその依頼さえする時間がなく対応に追われた竹係長もいました。何をしていたのか最後までわからないままに忙しく時間が過ぎた竹係長もいました。

　さらに，自分に能力が足りなかったため，グループの情報を自分の位置で滞らせてしま

ったと暗い表情になった竹係長もいましたし，梅課長からの情報が，細切れだったので次から次へと新しい情報が届くような印象を受け「整理して一度に伝えてほしい」と言う悲鳴にも似た声もあがりました。

● 3-3　係員の阻害要因

最後に係員の様子をみましょう。松係員・玄係員・米係員です。彼らの役割は皆同じで，所有している記号情報が違うだけです。彼らはたいへん**ユニークで多様な行動**を繰り広げます。

ある係員は，手持ちの情報量が少なすぎて何をしてよいのかわからないため，じっと指示を待ちました。あくびをしていましたし，腕を組んで寝ることもあります。携帯電話も触っていました。待っている間，こっそりと隣の係員と今夜の飲み会の話をしている人もいました。**ルール違反**です。積極的に竹係長に質問を送る人もいました。しかし，竹係長は忙しいのでなかなか返事が出せません。イラついたように椅子から立ち上がり，直接，梅課長のところに行きメモを渡している係員もいました。**ルール違反**です。

目的がわからず，課題（目標）もわからず，ただただ１人で不安に支配されていたという係員もいました。その不安からか，幾度となく課題シートを読み返したり，実習が始まる前に聞き漏らしがあったのでは？と必死に思い出そうとして，チームで課題に取り組むどころではなかったと言います。

「前の方で勝手にやっている」「すきにすればいい」とあきれている係員もいました。することもなく自分の存在の価値がわからないと嘆いた係員もいたのです。課題の全体像は知らされていないけれど，とにかくもっている記号を紙に書いて送ってくれという指示のメモが届いたので，メモ用紙に書いて送ったら，前の方で正解がわかったらしく時間内に課題は達成できたようだ，と人ごとのように語った係員もいました。チームの方向性も知らされず，指示だけきてそれに答えただけで終わりだったので，不愉快でもあったと話していました。課題が達成したことを知らない係員もいました。梅課長が最終的に答えを見つけ出し，そのまま社長に報告して終了しましたが，「課題は達成した」とメンバーに伝えていなかったので，係長以下係員は達成後もしばらく課題を進めていました。

● 3-4　ふりかえるときの留意点

ざっとこれだけみても問題と思えることは多々あります。これからていねいに考察していきますが，その前に，ふりかえるときの留意点を書いておきます。参考にしてください。

このような実習は，ふりかえるときに誰がよかったとか誰が悪かったと考えるものではありません。何をやってしまったか，どこをしくじったか，でもないのです。とかく，このような実習ではそういったことに目がいきがちで，それによりチームに貢献できなかった言動をした人がつらい立場に置かれることがあります。しかし，そのようなことは，実

習のねらいからはかけ離れた無意味なテーマであり，ふりかえりとはいえません。ただのアラ探しです。**アラは探してもアラしか出てきません。**アラは不要です。

欲しいのは**学び**なのです。チームとして課題を達成する観点で，**「果たしてこの実習から学べるものは何か」**をみつけだすことが大事な点であり，極論すれば必要なのはそれだけなのです。どの役割をしてくださったチャレンジャーの方も，それを十分理解しながら本書を読み進めてください。

では，整理していきます。

05-03　阻害要因からみたチームワークのポイント

❶ 情報を個人内で保管してしまう

■ 阻害要因･････････････････････････････････情報を個人内で保管
■ 対　　策･･････････････････････情報の開示と互いがもつ情報の確認

この実習で体験できるように，どのような人材が集まろうともそこに目的や目標が共有されていなければ，活動の方向性も活動さえも見い出せません。人は，**自分が知っている情報は他者も知っていると思い込む**くせがあります。

たとえば，専門家がよく使う専門用語や，最近流行のカタカナ語に短縮語といった言葉は誰もが知っている訳ではありません。自分が知っていてよく使うからといって，相手もそうだとは限りません。むしろ，そうではないことを常に念頭に置いた方がよいでしょう。

組織でも，現場では当然のように起こっているのに，現場にいない管理者は何も知らないことがありますし，管理者は知っているけど現場には何も知らされていないということもあります。意図して開示しないのではなく，多くは開示することに意識が向いていないため，**無意識に「開示を行わない」**結果になります。

私がこの実習をファシリテートして，まず驚くのは，このような**「情報開示」に対する意識の希薄さと，人がもつ「思い込み」の威力**です。誰もが思い込む可能性をもち，それにより意欲的な開示がなされません。実際の現場でもこれらは起こります。

そして，情報が少ないと知っている側も，情報収集への意欲をみせない場合があります。「ほかにもメンバーがいるんだから何とかなるさ」という意識があるのでしょうか。そうだとすれば，それは社会的手抜きといわれる「自分くらい手を抜いてもいいや」という集団心理であり，チームワークとは対極に位置する概念です。

たとえばこのサイレントワークを行う場合，実習終了時に，**実習の有効時間**を知っている人が何人いるか挙手による統計を取ります。すると平均8割の人が終了時間を知らずに実習を終えています。つまり梅課長以外は，ほとんど知らないとさえいえるのです。何ということでしょう。

そもそも仕事は有期的なもの。仕事の現場でも納期はありますし，納期前に提出できることを心がけます。提出期限がわかれば計画も立てることができます。この実習ではこういったことにも着目して，学習することができます。いかがでしょうか。

私たちは組織の中で，必要に応じて情報を開示することを意図して心がけるべきです。「知っているだろう」ではなく，「**知っているかどうか確認する**」ところから始めます。また，情報が少ないと感じたならば，主体的に情報を獲得するようアプローチを始めるべきです。混乱している係長を通り越して一気に課長に尋ねるのは考えものですが，待っているだけでは情報はふってわいてきません。

必要な情報開示がなされないチームは，たびたび混乱を起こすか，常に問題を起こしています。そして，問題が起きてから，情報が共有されていないことに気づくのです。

❷ 反応をしない

■ 阻害要因･････････････････････反応をしない
■ 対　　策･････････････････明確な言動により相手に反応を示す

これも重要です。実習後のコメントでも，梅課長から「**今どんな状況になっているのかわからず不安だった**」とあります。そして，係員からも「**質問をしても，なかなか返事が来なかったのでもうあきらめた**」というコメントがありました。

これは私の経験談ですが，ビジネスでコラボレーションをしようとしたときに書類の作成などを担当した私は，ある程度仕上がった資料を相手に確認をしてもらおうとして，メール添付をして送信しました。相手はあまりPCメールを開かない人だったので，必ず見ると聞いていた携帯のメールにPCメールに確認してほしい資料を添付したので時間があるとき読んでほしいという趣旨のメールをしました。電話で直接お願いしたこともあります。しかし，それについて返事が来たことは一度もありませんでした。

それらしいコメントを一度もらったことがありますが，資料の内容と絶妙（？）にずれていました。どうやら資料にあまり目を通していなことを感じさせるコメントでした。2,3度，資料の容量が大きすぎるので添付ができなかった資料をオンライン上にアップロードしたことがありましたが，それがダウンロードされた形跡さえありませんでした。

反応がないというのは，何とも悲しいものです。のちのちの信頼関係にまで響きます。
　はい，いいえ，そうです，聞いています，それについてはしりませんでした，ありがとうございます，明日までにお返事します，などなど，小さなことも含めて，複数の人が関与するチーム内でこういった互いに反応しあい，**意思疎通をしているよという意思表示は，心強いものであり，縁の下の力持ちのように頼りになる存在です。**メールを送っても返事がない，問い合わせをしても放置され，企画を出しても机の上に積まれたままになり，電話をしても折り返しがなく，具体的回答が得られない。これでどうやってチームワークが育まれるというのでしょうか。
　しかし，現実にはビジネスの場でこのようなことは頻発しています。そこに意識が向いていないのです。もしかすると「返事をしなくてはならないから疲れる」などと思っている人もいるかもしれません。実際，そういう人もいました。そういう人こそ，この実習を体験して真の問題はその意識の希薄さにあるのだということに気づく必要があるでしょう。

❸ 自分の役割を知らない・それぞれ独自の判断で動く

■ 阻害要因 ･････自分の役割を知らない・それぞれ独自の判断で動く
■ 対　　策 ･･チームでそれぞれの役割を決め協働関係をもち連携する

　この実習では，梅課長の課題シートに明記されているように，それぞれの役割が割り振られています。**自らの役割を認識する**ことで，メンバーは課長をリーダーであると意識して関わることができますし，竹係長は自分が中間管理職的な位置にいることを知ることで周囲に配慮できるようにもなります。
　梅課長が自分たちのチームのリーダーである，竹係長がサブリーダーだ，と理解できれば，竹係長はリーダーに「係員たちが何もわからず行動が起こせないので，実習の課題についてリードしてもらえないか」「指示が欲しい」などの相談ができます。係員も同じく係長に相談ができます。このように，**役割が割り振られることでそれぞれの行動がみえてきます**。いきなり忙しい係長を飛び越えて課長にもの申すこともないでしょう。
　また，役割が明確になっていると行動が起こしやすくなり，協働関係が育まれ連携がとれ始めます。

◉ 3-1　協働とは何か
　「対策」のなかで使われている**協働**という言葉はどういう意味をもっているのでしょう。「協働」という言葉は，以前は国語辞典に掲載されていませんでした。私が中学校のとき

に愛用していた角川国語辞典新版昭和44年初版でも「共同」や「協同」はありましたが，「協働」は載っていません。その理由を『三省堂国語辞典』の編集委員で，早稲田大学非常勤講師の飯間浩明氏は以下のように説明しています[1]。

> 「共同」「協同」「協働」は，音が同じで，意味も似ているので，まぎれやすいことばです。このうち，もっともしばしば目に触れるのが「共同」，次に「協同」です。「協働」も戦前からあったことばですが，近年，「官民協働」などの形でよく使われるようになったので，『三省堂国語辞典』でも今回の第六版から採用しました。

つまり，戦前からあった言葉なのに普及性が低かったため辞書で取り扱われていなかった。しかしながら，昨今国の推進する活動のテーマとして頻繁に協働という言葉が登場するようになったため，普及性も高まり，私たちもなにげなく活用するようになったということです。そういえば，私が研修を始めた当初，13年ほど前ですが，「協働」という言葉をテキスト資料で用いていたら，「『協働』とは，どういう意味ですか？」と何度か質問を受けたことがあります。この話を社会福祉に携わる人にしたところ，「社会福祉ではずっと使われている言葉」だと教えてくれました。

アメリカの政治学教授のビンセント・オストロムが1977年の著作 "Comparing urban service delivery systems" の中で co-production（共同制作）という言葉を用いてこの言葉が，世界的に注目を浴び始めました。この co-production が，日本語の「協働」と同義であるといわれています。co というのは，co-teacher, co-facilitator などのように共にする役割のことです。「共にする」ですから，そこには主体性があります。

協働というのは，複数の主体が，共有している目標にむけて，互いに関わり合い，協力し合いながら活動して行くことをいい，パートナーシップなどもこれと同じ概念です。そのためにも，役割が明確化されて適切に割り振られていることは肝要でしょう。

● 3-2 協働を具体的に考える

さて，言葉の定義については，おおむね理解をいただけたと思います。しかし，現実の中で私たちはどれほど協働関係をもっているでしょうか。たとえば職場。

協働関係の考え方を持ち込めば「チームのメンバーが共通の目的や目標に向けて『力を合わせて』活動している」という関係がそこにある，ということになります。もしも，それぞれの役割と責任を明確にわけて仕事を割り振り，与えられた仕事に確実に着手することも協働の1つの側面だといえばそうかもしれません。ですが，チームワークという観点からするとどうでしょう？　個が個の責任を果たして終わるという繰り返しが協働作業で

---

[1] http://dictionary.sanseido-publ.co.jp/wp/2008/07/16/『三省堂国語辞典』のすすめ-その24/（2014年4月4日確認）。

あるとはどうしても考えられません。それでは，それぞれが個人事業主のようなものです。

私は，「協働」という言葉で表現できる関係性のなかに明らかなメンバーの意思や行動力，期待感などを感じています。メンバー個々人が自立している様子がうかがえ，それぞれの意思を明確にもって主体的に関与し，作用し合える能力を持ち合わせ，相互信頼で成り立っているような，そんな健全な相互依存関係が感じ取られるのです。

このようなチームであるとき，メンバーはチームの一員としての自己を認め，自己肯定感も高まり，他者を認めようとする言動が育まれ，適切な役割と責任を引き受けることができるようになります。

Column 3　理想のチーム：これは単に理想と思うか？

相乗効果が生まれてくる準備の整った状態について説明しました。このような状態について，故・柳原光は「これは単に理想と思うか？」という問いかけを残しています。私は，その問いを，持ち続けてきました。当初ひらめいた答えがあったのですが，それはとても軽く感じられたので，もっと深く考察しようと持ち続けています。

「単に理想だと思うか？」柳原氏はどこかからか，いつも私に問いかけます。世の中すべては刻一刻と変化し，すべては常に動いていて，変化のないものなど無い。であれば，理想だからこそ，その理想に向けて作り上げていく活動に取り組んで行くことがチームワークなのではないか——変化するというよりも主体となり変化させていくべきでありましょう。チームというのは，最初からそこにあるものでもありませんし，一度規範ができたら永遠にそのままでもありません。外的刺激や内的刺激など，絶え間なく刺激を受け続け，小さなものや大きなものを含めてあらゆる変化がそこに存在しています。変わりにくいものもあるかもしれませんが，変わらないものはありません。ベルリンの壁も崩壊しました。婦人参政権も勝ち取った（？）ではありませんか。キング牧師も，大きな影響を与えました。話が大きすぎますか？　でも，変わらないものなどありません。

ならば，理想のチームをつくればよいと思います。チームは，つくるもの。だから，「チームビルディング」という言葉があるのだと，考えています。「理想」とすることは，むしろよいことだと思います。「単に理想」はいけませんが，現時点で柳原の問いかけは，私をそのような答えに導いてくれています。

まずは，あなたがよいチームをつくるメンバーとなるかどうかではないでしょうか。なれるかどうかではなく，なるかどうか。そして，なろうとする人が複数集まれば，そこから協働の関係が始まると思うのです。

そのためにも，より協働関係をもち連携をもてるように，役割についてや役割の割り振りについても話し合ってみてください。年功序列の時代は，もう終わろうとしています。

❹ コミュニケーションが希薄

■ 阻害要因・・・・・・・・・・・・・・・・・・・・・・・・・・・・コミュニケーションが希薄
■ 対　　策・・・・・・・・・・・・・・・・・・・・・報告連絡相談による課題の取り組み

報告・連絡・相談は，「**報連相**（ホウレンソウ）」と略され，ビジネスの世界では「組織の中で情報伝達しあう基本」といわれ，よく使われます。関係者と連携をとるためのものです。報告・連絡・相談は，「**情報を開示する**」ことも含みます。「情報開示」はある事柄などを公開することで，それらコンテンツがあって，人々は「報告する」「連絡する」「相談する」などの行為をします。

報　告	辞書的な意味*は「告げ知らせること」。
	課題の進捗・経過や結果などを関係者に知らせること。これには「主観」も含まれるが主観は主観であると明確に伝えて述べるのがよい。 ●結果報告〈命令／指示／依頼されたものに対して結果を報告する〉 ●進捗報告〈自発的に，適宜，報告をする〉
連　絡	辞書的な意味は「関係の人に情報などを知らせること」。
	連絡の特徴は短く，事実だけを伝えるということ。自分の意見を付け加えることなく実際の事柄を関係者に知らせること。
相　談	辞書的な意味は「物事を決めるために他の人の意見を聞いたり，話し合ったりすること。また，その話し合い」。
	課題が進む過程で判断に迷ったり，不安に思っている事柄など，関係者に知らせ，情報提供を受けたり，励ましてもらったりすること。

*辞書的な意味については三省堂『大辞林（第3版）』，小学館『デジタル辞泉』を参考にした。

図 5-5　報告・連絡・相談

組織は、複数の人が存在し、互いに役割をもちながら責任をもち、共通目的に向けて活動するため、各人がてんでんばらばらな作業していたのでは、目的に向かうのはとても困難です。そこで、報告・連絡・相談といった3つの活動が、組織の連携プレーを援助するというわけです。これらが欠如している組織を**コミュニケーション不足の組織**と表現するほど、組織活動の中では必要とされ非常に重要な位置づけになっています。

この活動が健全になされていなければ、同じチームにいながらも現状把握がまちまちになってしまいますので、実習の例でいえば、結果——共通の記号が何だったか——を知らされていない、完了したことを告げられていないためにいつまでも活動を続けている係長と係員、といったことが起こります。これでは、不平不満が出てくるのはたやすく想像できます。すなわち、報連相がなされていない組織は、協働関係が構築できていない組織です。

報連相もやはり意識してすることが基本です。する側は「うっかり」でも、報連相を待つ側の不満たるや、それはもうすごいのですから。

❺ チームワークのポイントの整理

ここまでで、阻害要因からみたチームワークのポイントを図式化して整理してみました。

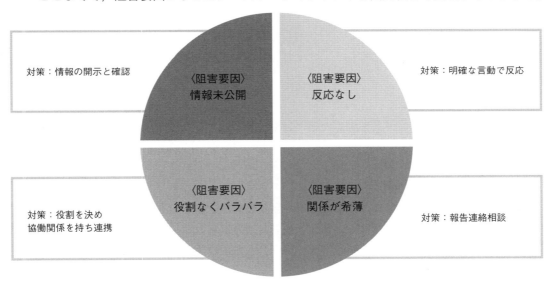

図5-6　チームワークのポイントの整理

実習は、いかがだったでしょうか？

この実習では、上記以外にユニークなできごとがあったので書いておきます。

Case Study 6

経営者が集まって定期的に勉強する研修会でこのワークをしました。

開始後10分で答えを探し当てたチームがいました。梅さんの課題シートには社長役に報告に行くことと書いてあります。梅さんは、社長役に「おい」と声をかけて、手招きで呼び寄せ、書いてあるメモを無言で差し出し「はい、これ」と答えを示し報告をしました。

ふりかえりの時間になって、そのグループのメンバーから報告の仕方に関する所感が交わされ、梅さん役の人は自分の行動を省察していました。

Case Study 7

上級管理者クラスで、年齢の高い層でこの実習をしたときの話です。

このときは、どのチームも答えを出すことができずに15分は終了。そして、課題シートの見せ合いが始まりましたが、ある男性が突然大きな声で「こりゃ、インチキじゃ」と言いました。「記号がこんなに似とったら誰でも間違うのは当たり前じゃ。お前はわしらを騙しとんと同じじゃ、卑怯者が」（これは、インチキだね。記号がこんなに似ていれば間違えるのは当たり前だ。お前は俺たちを騙したのと同じだ。卑怯者め！）。

少々怖い思いをしましたが、このときも最終的にはチーム内でしっかりふりかえることで、学びにかえることができました。

「1+1=すごいっ！」です。

05-04　チームの中のコミュニケーション

❶ 3つの領域

ここで、チームという複数の人が関与するコミュニケーションについて考えてみます。

まずは次の3つの領域があることを知ることからスタートです。それは個人の領域、対人の領域、集団の領域の3つです。

個人の領域	自己内　個人内	イントラパーソナルコミュニケーション	自問自答　個人のふりかえり　内観法など
対人の領域	自分と他者	インターパーソナルコミュニケーション・二者間	自分と他者とのコミュニケーション
集団の領域	自分と複数の他者 ※メディアと大衆	インターパーソナルコミュニケーション・チーム（グループ） ※マスコミュニケーション	自分を含んだ複数のメンバーとのコミュニケーション ※一方通行・伝達式

コミュニケーションでは，個人の領域とされる個人内コミュニケーションを「イントラパーソナルコミュニケーション」と呼びます。たとえば，自分の中で自問自答したり，1人でふりかえりをしたり，内観法などもこれに該当します。

対人の領域は「インターパーソナルコミュニケーション」と呼ばれ，他者とのコミュニケーションをさしています。ここでは二者間が当てはまります。

集団の領域では二者以上の複数のコミュニケーションで，対人の領域と同じく「インターパーソナルコミュニケーション」ですが，主体が増えるのでコミュニケーションが複雑化します。集団の領域には，一方通行のメディア対大衆という構図からなる新聞・テレビ・ラジオなどのマスコミュニケーションと呼ばれるものもありますが，これは双方向や対面方式ではありませんので，本書では専門外と考えます。

チームの中のコミュニケーションは，二者以上の主体によるインターパーソナルコミュニケーションです。ところで，集団と一口にいっても人数の多さによっては双方向のコミュニケーションをとれないことがあります。

たとえば，アイドル1人が日本中の人と一度に双方向のコミュニケーションは不可能です。マスコミュニケーション的な対応をしなければ成り立ちません。

そこで，ここでは集団を人数でサイズ分けをしてみることにします。下の分類表を参照してください。

集団の規模の分類

小グループ	8人程度まで	1人が個人個人に目を配ることができる最大の人数
中グループ	9人以上30人程度まで	1人が個人個人に目を配れないので，サブグループを複数つくり全体でコミュニケーションをとる
大グループ	31人以上	1人が個人個人に目を配ることができない この場合，マスコミュニケーションスタイルが望ましい

❷ グループの規模

◉ 2-1　小グループ　8人程度

互いに，1人ひとりに目が配れる最大の人数です。チーム活動をするときには8人以内で編成するのがよいといわれています。

意思決定を行う会議では，この人数編成が最適で，係もこの人数枠が理想です。

◉ 2-2　中グループ　9〜30人

この人数では，1人ひとりが互いにコミュニケーションをとりにくいので，8人以下の小グループをつくり「サブグループ」として位置づけ，サブグループ内でコミュニケーションを取り合った後に全体でシェアするなどの過程を踏みます。問題解決のための会議や，企画立案会議，意見調整会議などにこのような様式を用いることができますが，小グループのときより小さな発言が見落とされる可能性が出てきますので，小グループでのインターパーソナルコミュニケーションをとることをお勧めします。

◉ 2-3　大グループ　31人以上

この人数で一度に個別で関わり合うのはもはや達人技です。困難を極めますのでインターパーソナルコミュニケーションをお勧めできません。このグループに適したコミュニケーションはマスコミュニケーションです。

最近では，ワールドカフェ[2]という話し合いの手法により，より多くの人があたかも全員で情報交換をしているように情報の共有化が可能なやり方があり，筆者もその手法を好んで使うときがありますが，その実施の目的は「情報の共有化」に限られていると言っても過言ではありません。また，「あたかも」ですので，実際に個人全員とインターパーソナルコミュニケーションを展開しているのではありません。

❸ まとめとふりかえり

さて，本書は組織の中のコミュニケーションの中でもパーソナルコミュニケーション（対人コミュニケーション）に限定した書でありますので，2者間あるいは自分を含めた8人程度までの小グループ内でのコミュニケーションに絞りながら話を進めます。05-03（43頁）でチームワークのポイントを4つ挙げましたが，共通するお題はコミュニケーションでした。コミュニケーションが組織活動をつなげるヒューズのような役割であることはす

---

[2] 1995年アニータ・ブラウンとデイビッド・アイザックスによってはじめられた会話法。メンバーを組み合わせ編成しながら，4〜6人の単位のサブグループで話し合いを続けることで，あたかも参加者全員が話し合っているような効果が得られる。実際に1000人以上を一堂に介しての導入事例も多く，さまざまな団体で用いられている。2〜3時間で実施でき，準備を綿密に行えば経験をしたことがない人でも実施できる（ブラウン・アイザックス，2007）。

でにお話ししました。**Part Ⅱ**では，その具体的スキルの話へと入っていきましょう。

　その前に第5章の学習の整理をしておきます。以下の設問に回答を記入して，その後メンバーとシェアをしてください。シェアをしながら気づいたことはどんどん追記していきます。

1）この章で学んだことの中であなたにとって印象深かったことは何ですか

_____
_____
_____
_____
_____
_____
_____
_____

2）それは，なぜですか？

_____
_____
_____
_____
_____
_____
_____
_____

3) それを今後，どんな場面で，どのような心がけをもって，取り組んでいきますか？

___

Column 4　サイレントワークの起源

　リービットは1951年に集団内のコミュニケーションの構造が，その集団に及ぼす影響について研究しました。その時に使われた方法が，100人の学生を集めて，5人ずつグループ編成し，グループメンバーがそれぞれもつ情報（複数の記号）の中から唯一共通する記号を探し出すというもので，筆談により指定されたメンバーだけとメモのやり取りができました。

　さらに，リービットはそのグループを4種類のコミュニケーションの構造パターンに分けて，実験を実施しました。おそらく，この実験に用いられた方法が広く支持され，現代までさまざまなかたちで編集をされ，多くの教育者のワークとして用いられているようです。

　ご参考までに，リービットが試みたコミュニケーションの構造パターンは円型（circle），鎖型（chain），星（車輪）型（Star），Y型（Y）の4つで，実験の結果は問題解決の早さは星型 ➡ Y型 ➡ 円型 ➡ 鎖型の順で，正確さはY型 ➡ 星形 ➡ 鎖型 ➡ 円型の順で，リーダーの発生（組織化）も同じく星形 ➡ 鎖型 ➡ 円型の順で多いデータが取れました。

　また，課題に対する満足度は円型 ➡ 鎖型 ➡ Y型 ➡ 星形となっています。また，中心度の高いメンバーが，リーダーになりやすいと結論づけています。

対人コミュニケーション

06　対人コミュニケーションの基本
07　領域1：聴くこと
08　領域2：問いかけること
09　領域3：伝えること①
10　領域3：伝えること②
11　領域3：伝えること③

06 対人コミュニケーションの基本

06-01 コミュニケーションモデル

❶ シャノン・ウィーバーモデル

　第2章でコミュニケーションについての理解を深めましたが，この章では，**シャノンとウィーバーのコミュニケーションモデル**を用いて，より体系的に対人コミュニケーションを考察していきます。このモデルは電気通信理論に基づいて情報の流れを一方向で捉えながらコミュニケーションを説明するシンプルでわかりやすいモデルです。

　シャノンとウィーバーは電気通信理論に基づいてパーソナルコミュニケーションの説明をしています。**情報源**から発せられた**メッセージ**が，**送信体**によって送信されます。送信体とは相手に送ることを可能にする手段や道具です。人間の体でいえば声や口になるでしょうか。伝えるための手段があり**チャネル**といわれる経路を通って，相手の**受信体**と呼ばれる受信を可能にする手段や道具へと送られていきます。その手段を経ることで，**到達点**に情報が到着するというものです。

　チャネルのところに**雑音源**というのがありますが，この雑音源というのは実際の雑音，たとえば列車が通る音がして電話の声が聞き取れない，などや，使用言語（母国語）の違いから内容を理解不能にしてしまう何かのことを指します。

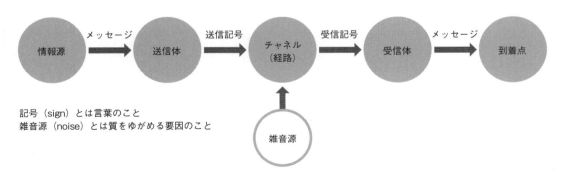

記号（sign）とは言葉のこと
雑音源（noise）とは質をゆがめる要因のこと

図6-1　シャノン・ウィーバーのコミュニケーションモデル（シャノン・ウィーバー，2009のモデルから作成）

❷ シャノン・ウィーバーモデルを置き換える

　この理論の特徴は，情報伝達の方向性が**一方向のモデル**であることと，電気通信理論に基づいているため**記号**という表現が使われていることです。記号とは一般的にいえば「言葉（情報）」だと理解してください。しかし実際のコミュニケーションは，通常，双方向です。また記号だけのやり取りではありません。そこで，「情報源」を**送り手**，「到着点」を**受け手**というように，人におきかえて考えてみましょう（図6-2）。この図では「記号」という言葉を**符号化**という言葉で表現しました。記号は言語（情報）を指しますが，符号は言葉だけではなく状態や様子なども含むものとします。送り手は，感じたこと（♡）や考えたこと（！）を自分が表現可能なものに「符号化」します。これは人によりさまざまです。「おもしろい！」と言葉を用いて，大きな声で叫ぶ人もいれば，言葉を使わずに全身を使って転げ回っておもしろいと思っていることを表現する人もいるでしょう。このように，何を符号にするのかは三者三様，十人十色です。

　さて，符号が定まったらそれが「送信体」という伝達可能な手段や道具により，受け手の前に登場します（信号：signal）。**信号**というのは，自然的記号といわれるもので両者の間に存在するものです。信号が登場すると，受け手は受信作業に入ります。もちろん受信手段が必要になりますがこれが受信体と呼ばれるもので，人間でいえば，聴覚や，視覚などの五感にあたります。そして，そこを経由して，符号の解読にはいります。

　図6-2で**非符号化**と表現した解読の方法は，送り手の符号化が三者三様であるように，三者三様だと考えられ，受け手は自分なりの解読法で信号を解読します。ですから，全身で笑っている人を見て「無理をしている」と解読する人もいれば，「こんなに笑っている＊＊さんを見たのは初めてなので感動だ！」と解読するかもしれません。「おもしろかったんだな」「この人，危ないかも？」など，さまざまな解読が起こりうることでしょう。そうして，受け手に符号化されたものが到着するというわけです。

図6-2　シャノン・ウィーバーモデルを人に置き換える

❸ ミスコミュニケーションを考える

さて，下のような具体的なケースを読んでみてください。

Case Study 8

私が初めての出産でてんてこ舞いだった頃，夜中じゅう泣き止まない娘の泣き声で起きて，お腹がすいているのだと「解読」し，ミルクを与え続けました。彼女は母親からミルク瓶を否応なく口に押し込まれ，吐き出すほど飲まなければなりませんでした。つらかったでしょう。彼女は泣き続けます。私は，「一体どれほど飲むのだろう？」と驚きながらミルクを与え続けます。眠い目をこすりながら……。

しかし，彼女の「符号化」の真意は「大便をしたおむつを交換してくれ！」だったのです。私も匂いで気づけばよいようなものですが，夜中に泣けばお腹がすいた証拠，という育児マニュアル本をそのまま信じ込んでいたのです。

彼女は，若干1ヶ月にしてコミュニケーションの難しさを経験したということになります。早熟です。やけに大人びているのはそれが理由でしょうか？　ただ，高校2年生になろうとしているいまも，非符号化しにくい符号を私に送ってきます。もちろん，いまとなればミルク瓶を与えることはしませんし，娘もおむつを替えてほしいとは思っていませんが……。余談ですが，私のような母親に育てられた彼女は，おむつ離れがなかなかできない保育園時代を過ごし，体もバランスボールのようにまんまる，という漫画に出てくるような女の子でした。

さて，生後1ヶ月のときの言葉を知らない娘……。便が出て不快なおむつを替えてほしいと考えても，激しく泣くことでしか「符号化」できなかったのです。彼女の精一杯の母親へのプレゼンテーションでした。一方，私は自分の思い込みでその信号を「非符号化」しました。私には「夜中に泣くのはお腹がすいている証拠」と解読する世界しかなかったのです。

娘の世界とは，当時の彼女が生を受けて誕生した1ヶ月の世界であり，母親の世界とは，当時の私の30歳という年齢の中で培ってきたさまざまな自己概念や価値観，人間観，人生観，そして子育て観だったのです。それぞれが，それぞれの世界で考えを繰り広げていました。そして，両者のやり取りの結果は，「受け手」に決定権があることがよくわかります。実は私は，毎晩ミルクを与え続け，毎朝お尻にはりついて，とれにくくなっている便を「毎晩飲むから便をするのね」と解釈していました。娘がどんなに訴えても，「受け手」の私の決定が現実を動かしていたのです。

図6-3　母と娘のミスコミュニケーション[1]

Case Study 8のように互いに，「送信体」をもち，「受信体」をもち，自分なりに「符号

---

[1] 解釈のエラーなどが起こることや，意思疎通ができていないことをミスコミュニケーションという。

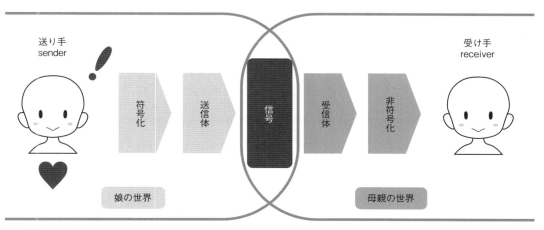

図6-4 「送り手」と「受け手」で重なっているものは？

化」できる能力をもっていても,そして両者の間に表れた「信号」が「自然的記号」といわれるあるがままのものであったとしても,互いに違う世界にいるためその信号を同じ意味で受け取るとは限りません。

そこで,先ほどの図6-2に少し手を加えてみます(図6-4)。両者が重なっている部分は,「信号」だけです。社内でも,こんなことはありませんか?

Case Study 9

上司(送り手)が,部下(受け手)にファックスを頼みます。ファックスはすぐに送らなければなりません。が,自分は来客のところにもすぐに行かなければなりませんでした。そこで,部下に「すまんが,できるだけ早くこのファックスを＊＊＊＊に送ってくれないか」と言いました。部下は「わかりました」と言い受け取りました。上司は「できるだけ(可能な限り)早くファックスをしてくれるはず」と考え,安心して来客のところに行きました。部下は「いま急ぎの仕事を抱えているので一段落してからファックスしよう。私も,ファックスする案件があるし,できるだけ早く送ることができるよう,急ぎの仕事を片付けよう」と。

送り手がどれほど「どうしてそう受け取ったのだ!」と嘆いても,相手の世界は自分の世界とは違う訳ですから,無理難題というものです。「すぐに解釈せずに,確認をしろ!」「もっと複眼的に解釈するように日々心がけろ!」というならわかりますが。しかし,これも推奨はしません。もっとも好ましいのは互いに意味が共有できているかどうかを確認しあうことです。**ミスコミュニケーション**は,どちらか一方の責任ではなく,両者が確認を怠った結果です。

Case Study 10

新人を OJT（On-the-Job Training）する現場指導に入っていたときのことです。
入社4年目のキビキビとした優秀そうな先輩が新人指導にあたりました。しかし、書き言葉や専門用語が多用され難解な表現で説明したため、新人はさっぱり要領を得ていないようでした。

このように、送り手にどれほどの能力があり、どれほどの熱意があったとしても、受け手の能力の問題や**モチベーション**（やる気）の問題で、受け取れないこともあります。大事なことは**相手が受け取ることができるかどうか**なのです。相手が受け取れないとなげいても仕方がありません。

第2章にも書いていますが、**互いに違う**ことが前提です。だからわかり合おうと関わり合うのがコミュニケーションです。コミュニケーションとは、**今まさにここで起こっている事実とともに、互いの関わりで作り上げていくもの**です。私たちは、コミュニケーションに完全性を求めてはなりません。求め続けるのは、理解しあおうとすることであり、その基本姿勢を無視して、組織の中のコミュニケーションを語ることはできません。

これらの事柄を念頭において、スキルに進んでいきましょう。

06-02　ミスコミュニケーションの4つの理由

❶ 第1のミス：送り手の思いや考えが符号化される過程

先ほど、コミュニケーションに完全性を求めてはならないと書きました。互いに違うので、ミスコミュニケーションが起こることを想定して取り組まなければならないからです。では、どの過程でミスがよく起こるのでしょうか。図6-4を参照しながら確認していきましょう。

第1のミスは、送り手の思いや考えが符号化される過程です。

1ヶ月の娘が泣きわめくしかなかったように、人は思っていることや考えていることすべてを明確に表現しているわけではありません。ファックスを頼んだ上司も同じです。ていねいにしっかりと伝えていては自分の記憶力ももちませんし、時間も膨大にかかり現実的ではないでしょう。そもそも符号化とは**「自分なりに符号化」する過程**ですから、あくまでも自己流です。そこで能力向上を意図して話し方教室に通ったり、説得法、プレゼンテーションスキルなどを身につけるための符号化のためのトレーニングを行い学習しようとします。

❷ 第2のミス：送信化の過程

2つ目に送信化の過程でもミスが起きることがあります。

考える人の思考のスピードと話す人の思考のスピードには4〜5倍の差があるといわれていますが（宮城，1995），それにより送り手が話している最中に，受け手が次々に話を頭の中で展開していることがあります。それが勝手な憶測をよび，意味がかみ合わなくなることも少なくありません。

話し手の話すスピードも早すぎると聞き取れませんし，のんびりしすぎても受け手の聞くモチベーションが下がり聞き取れなくなっていきます。**相手に合わせる**という送り手側の配慮が必要です。

❸ 第3のミス：受信化の過程

シャノンとウィーバーのコミュニケーションモデルにも記されているように，**雑音源**が入ると受信の障害になります。私の地元は広島ですが，九州の放送局の電波がひんぱんに邪魔をしてテレビの画像が乱れます。雑音源は受信（非符号化）を明確に妨げます。電波は，総務局でなんとかしてもらうしかありませんが，コミュニケーションは送り手と受け手の双方で聞き取れているか確認をしたり，場所を変えたり，時間を改めると改善がみられます。互いの工夫次第なのです。

Case Study 11

小学生の頃，まだ列車の窓を自由に開けることができていた時代のことです。引っ越した友人の家に招かれて列車に乗りました。ちょうど仕事帰りの友人のお父さんと向き合って椅子に座りました。車中ではいろんな話をしてくれたようでしたが，列車の音に内容がかき消されて全く聞き取ることができませんでした。困ってしまいひたすら笑顔で相づちをうち続けた記憶があります。15分程度の乗車時間が1時間以上にも感じられ，疲れ果てた私は到着駅に着いたとたん折り返しの電車で家に帰りたくなりました。

雑音がなくても，相手の**声の大きさ**によってもミスは起こります。小さい声で，もそもそ話されると聞き取れませんし，大きすぎても威圧的に感じたら聞くより，その威力（迫力）が気になり聞き逃すおそれがあります。

次に，**ダブルメッセージ**という概念を紹介します。「ダブルメッセージ」というのは，**言語表現と非言語表現が不一致を起こしているメッセージ**です。たとえば悲しそうな表情をしながら「私は元気よ」と言う，「うれしい，ありがとう」という言葉を淡々と無表情で言う，など受け手の解釈の一貫性を揺らがせる信号が同時に発信されるものを指します。

Case Study 12

以前，スーパーで小さい子どもが色とりどりのおいしそうな果物を順番に触っていました。若い母親は何度もとがめていましたが，子どもは楽しくて仕方ない様子で繰り返していました。とうとう母親は子どもをにらみつけながら大きな声で「ママの言うことをきけないなら，もういいわ！ 思う存分やりなさい。早く，さぁ，早くやりなさい。どうしたの！ やりなさいって言っているでしょう！」と次第に声が大きくなっていました。子どもも言葉の意味よりも，非言語（態度や振る舞い）を母親の真実の声，心の叫び（?）として受け取ったらしく，目に涙をためてヒクヒクとこらえ泣きをしていました。そしてその子はもう果物を触ったりしませんでした。しても良いという許可を，いえ，しなさいという命令まで下ったというのに，あれほどしたかった果物触りをやめました。

　果物を触った子どものように，一般的に受け手は非言語の方を真実とみなして受け取りますが，送り手が言語と非言語を合致させて送ることに注意を払うのはいうまでもありません。言語と非言語に一貫性のない複数のメッセージが込められていると受け手は混乱してしまいますし，ミスが誘発されることもあります。相手に混乱を与える表現は控えた方が無難です。仕事のミスで上司に怒られた同僚を本気で心配しているのに，妙に冷静な態度で心配したために相手に冷たいと誤解されるのは，不毛ではないでしょうか。

❹ 第4のミス：非符号化の過程

　この過程で起こるミスは，互いに違うということに起因します。育つ環境も違えば，体験してきた経験も違います。気質も違えば嗜好も違います。泣くという行為をお腹がすいたと受け取るかもしれませんし，すぐ送って欲しいと思って頼まれたファックスを少しくらい後でも大丈夫と解釈してしまうかもしれません。そんなときは「あなたは今，こういうことを言いたかったの？」「つまり，こういうこと？」などと，確認をすることによってミスが起きる可能性を小さくすることができるはずです。このようなミスコミュニケーションを防ぐためには，「確認をとりながら話をする／確認をとりながら話を聞く」のが一番です。確認とは，たとえば質問や要約，反復や，言い換えなどです。

06-03　コミュニケーションの要素と領域

❶ コミュニケーションを構成する4要素

　コミュニケーションを成立させる4つの基本要素は「送り手」「メッセージ」「チャネル」「受け手」です。メッセージというのは，符号の集合体のことをいいます。送り手がいないと成立しませんし，受け手がいなければ独り言です。メッセージが存在しなければ交わすものがありませんし，チャネルがなければ相手に届きません。図6-5に挙げた4つが重要

06 対人コミュニケーションの基本

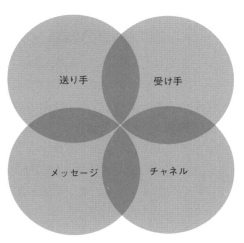

図6-5 コミュニケーションを構成する4要素

になります。

Column 5　コミュニケーションのポイント

- ●送り手は，相手がより理解しやすいように配慮しながら伝える
- ●受け手は，それに対して何らかの反応をする（確認をするなど）

　コミュニケーションは，上記のような互いの主体性によって成り立ちます。相手まかせにしないことを，いつも意識していきましょう。聴き手を無視した姿勢ではコミュニケーションはとれません。コミュニケーションは，相手との間にコモネス（共同性）を打ちたてようとするものなのです。双方向である以上，相手が受け入れてくれているかどうかが大切になります。
　「伝えて終わり」では一方向的に情報を配信するテレビのニュースと変わりありません。テレビのニュースは，意図的に主観を交えず事実として情報を伝達するはずのものですので，それでもよいのかもしれませんが（実際にはさまざまな意見を受け取り，配信するメディアでもありますが），ビジネスの中でのコミュニケーションはそうはいきません。それを忘れないでおくために「『伝える』ことは手段」だと日頃から自分に言い聞かせておきましょう。目的は，「相手にわかってもらう」ことです。その手段が伝えることであり，それがうまくいけば，結果として，私たちは相互理解を手に入れることができるのです。

　さあ，準備は整いました。これからは，組織の中のコミュニケーションの，二者間の対人コミュニケーションスキルへと進みます。

❷ コミュニケーションの3つの領域

　対人コミュニケーションでは，よく「話し手のスキル」と「聞き手のスキル」が取り上げられます。聞き手のスキルの中には，聞くことを促す役割を担う「質問」というスキルも含まれますが，組織の中のコミュニケーションでは「質問する」ということを独立したスキルの領域の1つとして考えます。その理由は，その活用で多くの相互理解と課題達成の可能性を広げると考えられていることにあります。まずは組織の中のコミュニケーションにおける対人コミュニケーション3つのスキルの領域を続く各章でくわしく紹介します。

　図中の四角枠の中に具体的なスキル名が書いてありますので，ここでよく確認しておきましょう。

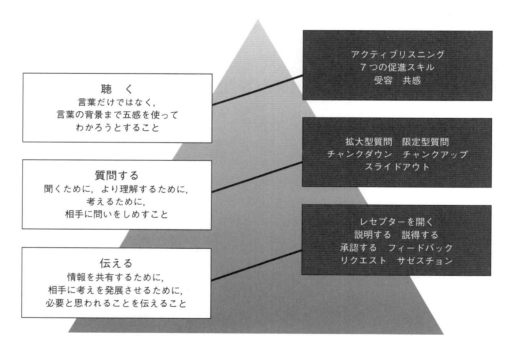

図6-5　組織の中のコミュニケーションの3つの領域

07 領域1：聴くこと

07-01　聴くとは

● 聴の語源

　第6章で「聞き手」という言葉を用いたときは一般的な表現に従い門構えの「聞」の文字を使いましたが，スキルで使うときには**「聴」**を使います。この字は旧字を**聽**と書き，体も精神も真っ直ぐに在って相手の思いを受けとる意味を持つものです。また，王が国民の声を聴くときに**十四の心**を1つにして話を聴くことに語源があるといわれるほど，聴く在り方を象徴した漢字だからです。実は「聴」という字の語源を辿ると，「悳」という字につながるという説が有力なのですが，「十四もの心をもって相手の話に耳を傾ける」という意味で考えると，さまざまな想像が心の中に広がりませんか？　「心」の文字が入る漢字や熟語は，たとえば，真心，無心，関心など枚挙に暇がありません。心配りという方もいらっしゃいました。そこで，その14の心が何か，**みなさんが聴くときに大切にしている心を考え，以下に，書き出してみましょう**（答はありません）。

1	8
2	9
3	10
4	11
5	12
6	13
7	14

いかがだったでしょう？　書いてみてどんな気持ちですか？　今の気持ちを，隣の人とシェアしてみてください。そして，メンバーの話を聴くときにはぜひ，その十四の心をもって聴いてください。

_____

_____

_____

07-02　聴くときの留意点

❶ 聴く力なくして「相手を理解する」を獲得することはできない

　人を変えようとすると，どうしても反発が起こるものです。心理学ではよく「人と過去は変えられない。自分と未来は変える（創造する）ことができる」といわれますが，コミュニケーションをテーマにした場合も，人を変えようとしても変えられない，と考えるのが前提です。ところが，私たちは何らかの問題に直面した時に，つい「相手を正そう」として働きかけてしまうことがあります。あるいは「私がいけないのだ」と自責の念に駆られる人もいます。

　コミュニケーションを学習するにあたり知っておきたいことは，コミュニケーションというものは，何が正しくて何が間違っているか，誰が正しくて誰が正しくないのかなどの尺度をもった次元のものではないということです。何度も書いてきたように，「コミュニケーションとは自分以外の誰かと自分が，一緒に事を行おうとすることであり同等に関わろうとする」過程そのものです（☞12頁）。

　ですから，そのためにも「相手の話を聴く」ことはとても大切なことです。

　聴くことにより，相手を知ることができます。人にはさまざまな背景があるので簡単には断言できませんが，聴くことよりも話すことを好む人は「わかってもらいたい」という自分の欲求を優先させていることが多いようです。このような場合，聴くという行為は困難になります。

❷ 聴くことを妨げるもの

　聴くことを妨げるものについて考えてみましょう。最近ではいろいろなところで「聴くことが大事」といわれているので，聴くことが大切なことは多くの人が知っています。なぜ，聴くことが大事なのか（＝メリット）についても，多くの人が理解しているようです。本書でも後ほどくわしく話していきます。

大事だとわかっていても,「さぁ,話をきこう！」ということになった途端,うまく聴けなくて困ってしまうことがあります。聴きたいのに,聴くことができない。そこには,私たち人間を「聴く」ことから遠ざけて阻止しようとするものがあるのです。

そこで**なぜ聴くことができないのか**を考え**聴くことを妨げるもの**を3つ挙げてみます。それではここで,自己チェックをしてみましょう

①世界の違い	人はそれぞれみんな違います。生きてきた環境,文化,経験した内容,学んだ学問,宗教,嗜好などなど……人は皆,独自の世界観をもっています。だからこそ,受け入れられないこともあります。受け入れられないということは,聴くことができないのと同じです。
②基準の違い	世界が違うということは,判断基準が違います。判断基準が互いに違うのだという理解がなければ,どちらも正しい主張をしあっているということになり,聴くことを妨げる1つになります。
③認知の問題	私たちは,事柄を完全なものとして理解しようとする傾向があります。たとえば,正しいか正しくないかでついつい判断してしまうのです。 ●煙草を吸うのは　　　良いことか　悪いことか ●離婚をすることは　　良いことか　悪いことか ●独身を通すことは　　良いことか　悪いことか このような判断ぐせは,聴くことを妨げる原因にもなります。

聴くことを妨げるのは,多くの場合,自分の「判断」であることを自覚できたでしょうか。

チェック項目	【自己評価】 ※非常に当てはまる10点 ※まったく当てはまらない0点	
	点数	その点数をつけた理由
自分の「正しさ」「優秀さ」を証明しようとしている。		
「聴く」という立場が,受動的に感じて「下の立場」になるように感じられて,それに抵抗している。		
その人の「可能性」ではなく,「間違っている」部分を修正する視点で聴こうとしている。すぐに相手の言うことを修正したくなる。		
自分の思考の「枠組み」の中で聴こうとしている。自分の経験・価値観・もっている情報の範囲を超えることを拒む。		
その人およびその人が言おうとしていることはもうわかっている,とすでに判断してしまっている。		
「聴かれる」ことによる成果を知らない。「聴く」ことより「伝える」ことがはるかに成果をあげることができると思っている。		

チェックを終えたら，メンバーでシェアします。

_____
_____
_____

もう1つ，聴くことの留意点として押さえておきたいことがありますので，1つ質問をします。

【質問】相手の話を「聴く」ということは，相手にどのような影響を与えると思いますか？ しっかりと話を聞いてもらえたときを思い出し，そのとき自分は相手にどのような感情を抱いたか，今ふりかえってみてください。

いつのこと？	どこで？	誰に	どんな様子で聴いてもらった？

Case Study 13

私は，仕事がら学生の話を聴いたり，受講者の方の話を聞いたり，お客様の話を聴いたりすることがあります。自分でも「一所懸命に聴いた！」と思えたら「話を聞いてくれてうれしかった」とか「ありがとうございました」とか「また聴いてほしい」などと言ってもらえます。そして，近いうちに「またの機会」がやってきます。「話した後のすっきり感が半端ないよ！」と言ってくれた学生もいました。とても嬉しかったです。そういう人達とのコミュニケーションは，トラブルがほとんどなく，話を聴いてわからないことは確認しますし，相手も私の話を聴き，質問をくれることもあります。意見の違いが出てくることはあっても，誤解などの発生率はぐんと下がります。

聴くことは，相手にとって「自分を受け入れてくれている」あるいは「自分に関心をもっている」と受け取るサインにもなります。また，こちらが好奇心をもって話を聴いていくことで，相手は安心感を抱いたり，両者の間に信頼感が生まれ，そこからコミュニケーションが活性化されていきます。その結果として，相手は多くのことを言葉にしていきます。聴くことはそのための手法（スキル）です。

■ 聴くときの基本となるマインド

相手の話を聴きたいと思っていること（受容し，共感の準備ができていること）

■ 聴くときの基本スキル

聴いているとき，聴き手の判断や評価を加えない

多くの人は，"話を聴いてくれない人には，あまり話をしたくない"ということを体験から感じているそうです。私の研修実績からもそのような声を多く耳にしました。ですから，意識して積極的に「聴こう！」「わかろう」という態度を示してみてください。その姿勢を相手に示すことは，関係を構築したいと思うサインとなります。

07-03　聴くスキル：積極的傾聴

❶「聞く」と「聴く」の違い

「きく」には「聞く」と「聴く」という表現があります。ほかにも「訊く」や「尋く」などがありますが，ここでは，「聞く」と「聴く」の違いをみていきます（☞次頁表）。

聴くとは，相手の発した言葉を注意深くしっかりと聴くことです。対人コミュニケーションでは，言葉の背景も理解しようと五感を使って耳を傾けます。このような聴き方を積極的傾聴（アクティヴ・リスニング：active listening；Rogers, 1951）といいます。

聞く：hearing 情報をいれること	草原に建つ門を出ると，そこはなだらかな風が吹きどこからともなく軽やかな自然界の音が耳に届いてきた——「聞」という字からは，このようなイメージが思い浮かびます。そこには，聴くための強い意志はなく，きくともなく耳に入ってくるような聞き方です。デパートで流れている程度な音量のクラッシック音楽などがこれにあたります。夢中で聴く人はいません。誰もが買い物にきています。しかし，買い物をしながら，食事をしながら，バックミュージックとして人々の耳には届いています。ふと立ち止まったときや椅子に腰掛けたときに心地よい音楽にほっとした経験はありませんか。
聴く：listening 集中して聴くこと （身を入れて聴くこと）	前述の通り，十四の心を入れて相手の話を聴く姿勢を表したものと思えば，この漢字からは，聴こうとする強い意志を感じます。 デパートで買い物をしているとき，ふと気づくと今まで側にいた３歳の子どもがいなくなってしまった——途端に，周囲を捜し始め，館内放送の迷子情報に意識を集中した。これは聴いている状態ですね。私の体験談です。そのときは，館内放送以外の音が耳に入らなかったほどです。ちなみに，これもミルクを与えられ続けた娘の話です。

❷ 相手の話を聴こう！

　ここで，少し時間を巻き戻します。ミスが起こりやすいポイントの２つ目（☞ 61 頁）に「話し手と聞き手の思考のスピードには４〜５倍ほどの差がある」と書きました。つまり，聴き手は話し手より数倍の速さで考えているのです。ということは，よほど意識をして「相手の話を聴こう！」としなければ，集中力がとぎれてついつい自分の考えであれこれと解釈や評価・判断をしてしまうことになります。話を終えたとたんすぐに相手から矢継ぎ早に反論が返ってきたことや，話した内容についてていねいに細かく見解を寄せてくる友人などはみなさまも経験があるかもしれません。それらのケースは多くの場合（筆者としてはすべての場合と言い切ってしまいたい）こちらが話している間に，聴くことよりも自分の意見や考えを整理している，すなわち頭の中は話し手としての自分に切り替わって，すでに聴き手としてのスタンスは，どこか遠くに手放しています。もしかすると，自分をふりかえって「あ，私のことだ」と思い当たる人もいるかもしれません。お恥ずかしながら，私もそうでした。

　そんなあなたにおすすめなのは，頭の中にいつも問いをもっておくことです。

「相手の話をさえぎって，自分の考えを話していないだろうか？」
「勝手に相手の話を自己流に解釈していないだろうか？」
「ふと気づくとアドバイスをしているときはないだろうか？」

これらの問いをもつことでセルフモニタリングをして，いつでもチェックしておきましょう。自分の意見は，相手の話を聴き終わってからでも遅くはありません。相手が話し終わってから，その内容について自分の思考に意識を集中し始めればよいのです。一般的には，すぐに反論したり自分の意見を言える人が頭の切れる人と思われていますが，私にいわせれば，それは縁を切るのが上手な人です。

以前，電話で持論を夢中で話したとき，話し終わった途端に，ことごとく論駁してきた人がいました。私は黙って聴いているふりをしましたが，はらわたが煮えくり返りました。そして，それを機に次第にですが縁が切れてしまいました。

プロの漫才師ではないのですから，そんなに急いで切り返す必要はありません。それより，じっくり聴く時間を確保する方がよっぽど生産性の高いコミュニケーションが生まれます。

❸ 話を聴く場合に心がけること

話を聴く場合には，相手の話している内容について断定的に評価や判断を交えることがないよう，心がけましょう。それぞれ世界が違うのですから意見が違うのは自然なことです。しかし，<u>互いに違うのだということを理解しあい，その調整をとっていくのがビジネスで必要とされるコミュニケーションです</u>。**差異が明確になる**と調整の手だてがみえてきます。先ほどの電話の例ではありませんが，ことごとく論駁しているようでは，相手は話をしてくれなくなります。そうなると積極的傾聴をする機会を失う結果になりかねません。それはビジネスの機会を失うことを意味します。

残念ですが，ビジネスの中ではよくある現象です。特に，社内ではなく社外とのやり取りでひんぱんに起こります。それは，社内では我慢しなければならないけれど，社外では取引を終了するなどの措置をとれば不快なコミュニケーションを終了させることができるからです。そうなってからではもう取り返しがつきません。

❹ 積極的傾聴の基本スキル

● 3-1 意識をすること

積極的傾聴のスキルを向上させるために最適なのは**意識すること**です。人はつい自分の思考に入り込んでしまうので，集中して聴かなければなりません。そして「集中しよう！」と意識することは，スキルを向上するためにとてもよい方法です。

● 3-2 聴くことに積極的になること

積極的傾聴は相手の話を聴くという行為であるためか，受動的なコミュニケーションであると考える人もいるようですが，「積極的」というその名の通り能動的な行為です。それは，相手を受け入れようという働きかけであり，コミュニケーションを活性化させるとい

う主体的活動で，その結果も相手との理解が促進されるというアクティブな効果が期待できるからです。

　これからは，誰かの話を聴くときには，十四の心をまっすぐにして，相手の話に「意識をして」集中してください。聴く前に1人でこっそり「よし，聴くぞ！」と宣言するとよいでしょう。「よし，聴くぞ！」と口にしてはいけません。自分の思考が動いてしまいます。

> ### *Column 6*　話を聴く
>
> 　多くの人は，話を聴いてもらうことから気持ちが楽になったり，ストレスが減少したり，安心感を得ることができたり，聴いてくれる人に対して信頼感が生まれたりということを感じます。そして，これらにより気持ちが落ち着いたり，モチベーションがあがったりという体験が得られることが多くあります。

❺ 積極的傾聴をより効果的に行うための周辺スキル

　「よし，聴くぞ！」と意思をもって話を聴いても，目をらんらんと輝かせて相手を見つめ鼻息を荒く集中していては，相手は落ち着いて話もできません。それどころか「私が今，話をしようとしている相手はなぜこんなに目力があるのか」と，気になって話に集中できないかもしれません。

　これは積極的傾聴が単独では成り立たないことを意味しており，その点がたいへん特徴的です。積極的傾聴は，さまざまなスキルに補われる形で力を発揮していく，すなわち周辺スキルに活かされる存在で，言い換えれば，周辺スキルの質の高さ，使い方，使うタイミングなどに強く影響を受けそのいかんによっては積極的傾聴の意気込みをどんなに高く強くもっていたとしても相手の話が促進されないことが起こります。

　そこで積極的傾聴をより効果的に行うための周辺スキルを紹介しますので，さっそくブラッシュアップに取り組んでください。取り組み方法は，見る，聴く，する，繰り返す，の4サイクルをまわし続けることです。

> ■見　　る……モデルとなる人のスキルを観察する
> ■聴　　く……モデルとなる人のスキルを側で聴く
> ■す　　る……日々のコミュニケーションの場面でチャレンジする
> ■繰り返す……毎日する，とにかくする，うまくいかなかったら「見る」からもう一度始める

　これは，どのスキルも同じ要領でやってみましょう。それではケーススタディとともにスキルを説明してみます。

①アイコンタクト

視線をそらす，じっと見つめる，チラチラと別のところを見る，優しい視線で聴いてくれる，情熱的な目で見つめられる，など。「目は口ほどにものをいう」ということわざがあるように，目でかわすコミュニケーション（アイコンタクト）はダイレクトに相手の視覚にキャッチされ，心理的に影響を与えます。

Case Study 14

私が講師になりたての頃，先輩講師はちょうど真向かいにあたる後ろの壁にもたれて腕を組み一直線に講義を見ていました。微動だにせず，刺すようなその視線を送られたと感じた私は，とても怖くなって震え，ろくに話ができなくなったのを覚えています。頭は真っ白でした。アイコンタクトの使い方によって，相手は安心感を得られ話を促されたり，萎縮して発言が止まってしまうなどがあります。スーパーでダブルメッセージを受け取った子どもも，私と同じく目の力に萎縮したのかもしれません。

②うなずき・相づち

「ええ」「へぇ」「そうですか」「はい」「ふ～ん」など，相手の話に間の手を入れるものです。相づちの語源が，複数の職人が合間よく熱い鉄を槌で打っていく様であることからもわかるように，タイミングが大切です。だいぶ間が空いてから相づちを打ったり頷いたりしても相手はリズムが狂いますし，矢継ぎ早に相づちを打つと相手はせかされているようにも感じるでしょう。タイミングを大事にしながら，間の手を入れてみましょう。そうすることで，相手は話を聴いてくれていると感じ，安心して話ができます。

Case Study 15

友人に，私の話にかぶるように相づちをいれてくる人がいます。話しにくいと感じます。また，必死になって相づちを打ったばかりに相手を怒らせてしまったことがあります。「軽々しく同調するな！」ということでした。必死で聴くことが相づちになって現れたのですが，何にでも「いいね！」と言っているような印象を与えました。未熟でした。

③促　　し

「そして？」「それで？」「つまり？」「他には？」「たとえば？」などのように接続詞を活用し，相手の話を促します。短く返すので，テンポがよく相手のリズムを崩すことがありません。短すぎるから使いにくいという人はひと工夫して「それからどうなったの？」「その続きは？」というように言葉を増やしてみるのもいいでしょう。ただし，接続のために逆接を使うと話が聴き手の意図に沿って進んでしまうかもしれませんので，気をつけましょう。あまり使わない方がよいである逆接の接続詞は，「しかし？」「逆に？」「とはいうものの？」「でも？」などです。そんな言葉は使わないだろうと思われるかもしれませんが日常会話の活用のなかでは意外にもよく耳にする言葉です。

Case Study 16

　大切な説明をしてもらっているとき，話を途中で遮って「それで結局言いたいことは？」と促したつもりでしたが，相手は話を止めてしまいました。「申し訳ないのですが，結論から聞かせてください」と言えばよかったと反省しています。「それで結局言いたいことは？」は相手に，話が長いと気がついてもらい短くするなどの配慮をしてもらおうとする操作的な心理から生まれたメッセージでした。邪な気持ちを抱いたために相手から話をする機会を奪い，自分も説明を受ける機会を逃しました。この時の私は聴くことの精神を忘れていたと思います。

■ ④ペーシング（合わせる）

ペーシングというのは，pace + ing の原語の通り，ペースを合わせるというスキルです。そこで合わせる対象は相手のさまざまな状態です。たとえば話の早さや雰囲気，声の大きさや表情や姿勢なども，ペーシングの対象となります。

Case Study 17

　学生時代に，悩みを相談してきた友人に対して，元気を出してほしいと思った私は，励まそうとするあまり，にこにこしながら笑顔で「大丈夫！　何も気にすることはない。忘れてしまえばよいのよ！」と大きな声で元気よく伝えました。彼女は顔をこわばらせて立ち去りました。深い悩みを軽くあしらわれた，自分の気持ちを理解しようとしてくれない人，と思ったようでした。自分の思いだけで関わってしまった経験です。両者のペースが不一致を起こしていると関係は噛み合わなくなると学びました。ペーシングは互いの心地よさにも関係しています。まずは相手の様子に合わせること，自分から積極的に合わせることが大事です。

■ ⑤バック・トラック（反復）

相手のメッセージの中から，キーワードを拾い相手にそのまま返すものです。「先ほど＊＊工業さま（お客さま）のところに伺ったら，前回訪問したときの失礼をまだ怒っていらっしゃった」に対して，「さっき？」とか「＊＊工業様が？」「前回の？」「訪問したときの？」「まだ怒っているの？」「怒っているの？」などです。ここまで読んでお気づきでしょうが，何をバック・トラックするかによって相手の次の話が変わってくるので気をつけてください。

相手が一番言いたいことは何かをよく観察するとよいでしょう。たとえば，そこだけ大きな声になったとか，ジェスチャーが大きくなった，とか，目をひんむいていた，など，言葉以外のサインに目を向けてそこをバック・トラックします。そうすれば，「まだ怒っているんだよ」ということを話したい相手に，「さっき？」などというトンチンカンな返しはなくなるでしょう。相手にちゃんと目を向けてください。

Case Study 18

　ある日鑑賞した映画に感動して，あらすじを話したくてウズウズしていたころ，めでたく映画の話になったのでここぞと話し始めましたが，相手は映画よりも「あなたはどう感動したのか」「なにに心を打たれたのか」と私が感じたことに関心を向けて「とても感動したの？」「思わず涙が出たの？」とバック・トラックをしてきました。あらすじを話したい私と，あらすじはできれば聞きたくない相手が組んでバック・トラックのトレーニングをしたときのことでした。

⑥リフレイン（オウム返し）

バック・トラックと似ていますが，相手のメッセージをそっくりそのまま返すことです。これらは，複数の事柄について明確に確認をとりたいときに使うとよいといわれているスキルです。「さっき，＊＊工業様に訪問したら，まだ前回訪問時のトラブルのことを怒っていらっしゃったのですね？」というように……。ただし，あまりにも長い文章のときには使わない方が無難です。なぜなら相手が馬鹿にされているという印象を受けることが，ままあるからです。

Case Study 19

　実際のビジネスの場面では，長文をリフレインすることもあります。それは，大事な案件について1つひとつていねいに確かめようという気持ちの現れです。こういった理由でリフレインをする場合は，「確認のために，いま聴いたことを復唱するから聴いてね」という一言を付け足しましょう。いきなりリフレインでは相手も「信頼されていないの？」と感じるかもしれませんし，「もう，時間がないのにいいかげんにして」と感じる人もいるかもしれません。私の知っているある女性支社長さんは，部下に必ずそう伝えてから相手の話をリフレインするように心がけていると，部下は最後まで頷きながら聴いてくれるし，間違えていたら説明し直してくれる，と言っていました。

⑦オブザベーション（観察する）

五感を働かせて，相手をよく観察します。でも，じろじろ見るのではありません。それではあやしまれてしまうかもしれません。ちゃんと相手に目を向けて小さな変化も受け取ろうというスキルです。

Case Study 20

　お昼ご飯を食べながら何気ない会話をしているときでした。誰もがその話題に大きくうなずいたり，当時を思い出してあれやこれやと盛り上がっていました。その中に，あまり箸を動かしていない人がいることに気づきあとで声をかけてみると，最近大きな不安ごとを抱えて食欲がないということでした。誰に相談して良いかもわからない，と話をしてくれました。

⑧確認取り

自分の言葉に置き換えて，解釈に間違いがないかを確かめることです。接続詞としては，「すなわち」「要するに」などを使って確認してみましょう。また，「私が理解したことを言ってみるので，あっているか確認してくれる？」と言って，自分の理解や解釈に思い込みや聴き間違いがないか確認してみてもよいでしょう。わざわざ確認をとるのも気がひけるかもしれませんが，このような確認をされる人は，真に相手を尊重する聴き手だと考えられます。ビジネスでは意味の取り違いからトラブルが頻発しているではありませんか。確認すること——それは互いのためにプラスになるスキルです。

Case Study 21

天ぷらパーティーをしているとき，油の温度の調整が必要で，側にいた私は油の入った天ぷら鍋を卓上用コンロから持ち上げて，別の人が火力調整をしました。ガスボンベを差し替えるというので鍋を持ったまま待っていると，ある人が「はい。油を下げよう」と言いました。なんのことかと「油を下げるの？」と訊きました。すると「うん。油を下げるの」と返事がありました。そこで持っていた天ぷら鍋を一旦鍋敷きの上に置いて，テーブルの上にあった油のペットボトルを床に下げました。そうしたら大笑いです。「油を下げる」は「持っていた油入り天ぷら鍋をコンロに置く」という意味でした。リフレインよりも自分の言葉に置き換えた確認どりをすればよかったと思いました。

では，ここで①から⑧の中から1つだけチャレンジするスキルを決めてください。

あなたがチャレンジするスキル

すでにできるスキルを選ばないで，やったことがない，あるいは苦手で気にはなっているけどいつもできていないスキルを選びます。何かに挑戦するときはちょっと背伸びをしなければ到達できそうにないと思えるものを選択するのが一番です。絶対できそうもないものは，できないときにがっかりします。絶対できるものを選んでも挑戦にはなりません。小さな成功を積み重ねて自分のスキルとして獲得していく。これはモチベーション理論によく出てくるスモールステップの原理です。

オブザーベーションのスキルについては，具体的に何を対象にすればよいのかの指針を次の頁に表にしていますので参考にしてください。

チャレンジしたいスキルは，決まりましたか？

07 領域1：聴くこと

■オブザーベーションの指針となるもの：非言語表現
非言語表現とは，言葉以外の表現のことです。

☐ ジェスチャー
- 主に手振りのことをジェスチャーといいます。ジェスチャーは話している内容に関連していると思われる動きなので，「ありがとう」と言いながら手を合わせたり，「ちがうの」と言って，首を振ってみたり，うなずきや相づち，「あれ？」というしぐさ，も含まれます。
- ※私はよく「やった！」といいながら指をパチンとならします。

☐ 顔の表情
- 本当にうれしいとき，人は笑みを押し殺すことはできないものです。学生時代大好きな人がそばにいるだけで，にやけていたのは私です。また，心底怒っているときには，どんなに取り繕おうとも目の下がヒクヒクするのは私です。私の息子は怒っているときには眉が引きつるのですぐわかります。困っている人の眉間にシワが寄っているのもよくみかけますし，我慢しているときに唇をしっかりと結んでいるのもよくあるしぐさです。
- ただし，表情に限ったことではありませんが，「くせ」の場合があるので勝手に判断はできません。ある社長さんは片方の口角だけを引き上げて笑います。無理して笑っているのかと思ったら本人は気づいておらず単なる筋肉のくせでした。
- ※勝手に判断しないよう，「相手に変化が起きているのではないか？」と考えてみる程度にしましょう。相手のことは相手にきかなくてはわからないのです。

☐ 声の様子
- 声にもさまざまな「表情」があります。興奮していたり怒っていると大きな声になりますし，相手にお願いごとをするときに「猫なで声」を使ったりということもあります。
- 声の大きさや，速さ，高さと低さ，力の入れよう，声の出し方など。これら声の様子もオブザーベーションの対象になります。
- ※私がムカデを見つけたときの叫びは，家中の者が声をきいただけで「ムカデだな」とわかるそうです。ムカデと遭遇したときの私の絶叫は，生半可なものではありません。

☐ アイコンタクト
- 視線のことです。視線にはいろいろあります。夢を語るとき，「遠い目をした」人がいます。夢を語るとき「情熱的な目をした」人もいます。愛を語るとき「優しいまなざし」の人がいます。恨みから「憎しみに満ちた目」の人がいます。このように目は心を映し出す鏡だといわれています。
- また，目の動きでも相手の様子に変化があったことを知ることができます。突如として「ジッと前を見据える」様子や，力なく「目を落とす」様子。動揺して「視線が定まらない」とき。何かいいたげに「ちらりと横目でみる」などです。目に動きがあったら，相手に何か変化があったようだと思って相手に様子を尋ねてみるのもよいでしょう。
- ※ちなみに私は，適当にごまかすとき必ず相手の目を見ようとしないのだそうです。学生にはっきりと言われました。ごまかすなら，堂々とごまかしてほしい，と。すいません。

☐ **動　作**

●体の動きのことです。動作は大きくても特に話の内容に関連していない場合もあります。
※30代の頃，研修の懇親会の招待を受けましたが，疲れ果てており「体調がすぐれない」とお断りしました。が，気分転換をしてからホテルに帰ろうと思い，1人カラオケに行こうとすると，たまたま路上で懇親会場に移動する集団と遭遇しました。驚きすぎた私は，コントのように手を広げ，片足をあげて立ち止まりました。目立ったのですぐにばれ，そのまま懇親会に連れて行かれました。動作はたいへん目立ちます。

☐ **姿　勢**

●体の恰好のことです。たとえば，椅子にふんぞり返っていたり，背筋をピンとのばしていたり，がっかりと肩を落としていたりなど。
※10年ほど前，自らの失態によりある女性社長に激しく怒られたとき，その女性社長は「どうや！」といわんばかりに足を組んで椅子にふんぞり返って私を叱り続けました。すべては私の落ち度だったので何も言い返せませんでしたが，あのとき彼女はどのような心境でいたのでしょうか。得意げに叱り続けるあの感じ。ふんぞり返っているさまは今でも忘れられません。
●話は変わりますが，そういう彼女とペースを合わせるには，私もふんぞり返って足を組んではいけません。怒っている相手に対して，真摯な姿勢で謝罪することがこの場合のペーシングです。

☐ **生理的現象**

●これは自分が意図していなくても表面化する現象です。緊張のあまり手が震える，恐怖のあまり顔面蒼白になる，恥ずかしさのあまり汗が出る，などです。
※女性社長に怒られたとき，私は顔面蒼白になりました。そして顔が引きつっていました。止めようとしましたが，自分ではどうしようもできませんでした。

■さて，チャレンジするスキルがきまったら，これからレッスンをしてみます。
　もう一度確認です。**あなたがこれからチャレンジする周辺スキルは何ですか？**

_____
_____
_____
_____
_____
_____

では，その周辺スキルのチャレンジをしながら，相手の話を聴く「積極的傾聴」のロールプレイング（役割演習）をします。

07 領域1：聴くこと

①ロールプレイングの手順

1	ロールプレイングの目的は「積極的傾聴力を高めること」です。まずは，2人1組になります。
2	役割を決めます。話し手と聴き手を決めましょう。
3	聴き手の人はチャレンジする周辺スキルを話し手に伝えてください。後で，でき具合の感想をもらいます。
4	話し手の人は，これから話すためのお題を出しますので，どんな内容を話そうか1分程度考えてください。聴き手の人はその間，周辺スキルを読み直したりなど積極的傾聴の準備をしていてください。話し手の方のテーマは「携帯電話の使用のマナーについて思うこと」です。ワークは5分間です。
5	では，5分間のロールプレイングを始めます（5分間のロールプレイング）。
6	では，聴き手の方，話し手の方，それぞれのミニふりかえりシートを書いてください。
7	ミニふりかえりシートをシェアします。
8	話し手と聴き手を交代して1～7を繰り返します。お題は変えてもかまいません。 お題の変更例 「過去，自分が夢中になったもの（部活・アニメ・芸能人・音楽など）」

②ミニふりかえりシート

聴き手の人用	①あなたがチャレンジしたスキル	
②100点満点中何点だったと思いますか？		点
③その点数の理由を書いてみてください		

話し手の人用	①相手がチャレンジしたスキル	
②100点満点中何点だったと思いますか？		点
③その点数の理由を書いてみてください		
④聴き方でよかったと思う点	⑤改善すればさらによくなると思う点	

聴くことの領域の基本スキルはこれで獲得できました。あとは，「はじめに」に書いている通り，Ⓐ**行動すること**（日々の中でやってみること），Ⓑ**検証すること**（行動したことについてふりかえること），Ⓒ**省察的な姿勢でふりかえりに取り組むこと**，Ⓓ**「何が」に焦点をあててふりかえること**，Ⓔ**ある一定期間継続して取り組んでみること**，をしっかりと実践していきましょう。

Column 7　安心の場の形成：場をデザインする

　人は，無意識のうちに，「この人には話しても大丈夫なのかどうか」を探ってしまうものです。そして，もしも「本音を話さないほうがよい！」などの判断をすれば，一般論や常識論に終始するなどして本当の気持ちを打ち明けなかったり，場合によっては黙り込んでしまうこともあるでしょう。両者の間には「話しても大丈夫」「受け止めてもらえる」「しっかり聴いてもらえる」などの"安心感"がなければ，人は真実を話したがりません。「安心感」があるからこそ，心の扉を開いて解放されたコミュニケーションができます。こうして「信頼感」が育まれていきます。

　さて，ビジネスの場面を具体的に持ち出して考えてみます。

　あなたは，日頃，ろくに自分の話を聴こうとしてくれない上司が，あるいはほとんど話す機会ない上司が，何かしら問題が起こった時になって「どうして言わないのだ」「なぜ相談しないのだ」「いつも相談しろと言っているだろう！」と怒ったらからといって「はい，すいません」と納得で

きるでしょうか。表面上では、早めの相談をしなかった自分の仕事のスキルの低さを反省し、その件について謝り、今後気をつけるという話をするでしょうが、心の中は不快感に包まれるかもしれません。いえ、そういう部下は実際に多く、研修に入った先でもそういった声を耳にすることがあります。

　仕事だから報告も連絡も相談も当たり前、と思われるかもしれませんが、実際のビジネスマンのグッドコミュニケーターといわれている人たちの共通の特徴は、日頃からよく声かけをしたり、「あの案件どうなっている？」とさりげなく話を持ち出したり「今、困っていることはない？」「お客様はなんて言っていた？」など、そもそもの接触回数が多いのです。

　そういった日々の下地があるからこそ、小さな情報が入ってきたり、何か大きなことになる前に相談がきたりなどとなります。「仕事だから」と相手に要求する前に、まずは日頃の自分を省みてはどうでしょう。人を変えようとするよりも、自分が変わることのほうが現実的で有意義です。利害関係で成立するビジネスの中だからこそ、日頃から「意図的に安心感の形成を心がける」ことがとても大事です。

　このようにコミュニケーションの土台となる安心感の形成を意図的に行うことを「ファウンデーション・スキル（コミュニケーションの下地となる技法）」といいます。「より相手が話しやすい環境を構築すること」です。そこから、聴くことがますます促進されると考えます。

■ファウンデーション・スキルのいろいろ

などなど。

アイスブレイクの活用	傾聴そのもの	表情（笑顔）
声の抑揚がある	言葉づかい	動作やジェスチャーがある
相手との物理的位置	ユーモアがある	人間らしさにあふれている
思いをもって関われる	視点を変える	明らかな相づち
声かけ	あいさつ	うなずき
仕事以外の話もある	承認（賞賛）が行われる	誠実な関わり

まずは、「日頃の自分はどうだろう？」と問いかけてみてください。
聴くという場面にいつでも入れるような関係づくりを日頃から心がけているでしょうか。
コミュニケーションでは、こういった日頃の心がけも大切だと考えています。

では、聴くことについての学習を整理しましょう。
　メンバーとシェアができたら、次章の「質問する」に進んでいきます。

①大事だと思う部分にカラーペンで線を引いてください。

②聴くことの項目の中であなたが印象深かった内容を3つ挙げ，それぞれ印象深かった理由を書いてください。

印象深かった内容	その理由

③②で挙げたスキルは，それぞれどのような場面で特に活用できると思いますか？ あるいは，活用しようと考えていますか？ 相手や場面などを想定しながら書いてください。

印象深かった内容	活用の場面

08 領域2：問いかけること

08-01 質問とは何か

❶ 問いかけの目的

　質問というと日本では**問い質す**というイメージが強く相手につめよる印象をもつ人も多いようです。「問い質す」とは，はっきりわからない点を尋ねて明らかにしたり，真実を答えさせようと，追及することですが，ここでの**質問**は相手の**話の質**に関わり，対話の内容を深めていくためのものです。

　ときどき，相手の間違いを正そうとして，あるいはそれに気づかせるために質問という形式を使うことがあります。母親が子どもに「どうして部屋を片付けないの？」と発したときなどがそれです。多くの子どもは質問に対する答えではなく，「ごめん」「今はいいの！」などの返事が戻ってきます。子どもには母親の「どうして部屋を片付けないの？」が，どう聞こえたのでしょうか。

　ビジネスの中でも，「どうして言わないんだ」「なぜできないんだ」「間違いに気づかなかったのか？」など質問形式の投げかけをよく耳にしますが，組織の中のコミュニケーションで用いようとする質問は，明確な目的をもっています。それは大きく分けて次の2つです。

☐ 問いかけるときの目的

①話の内容をより深く，より広く，より正確に把握するため（情報交換のプロセス）
②互いによりわかり合うため（相互理解のプロセス）

● 1-1　話の内容をより深く，より広く，より正確に把握すること：情報交換のプロセス

　第1章で出てきましたが，組織の中の人びとは共通の目的をもち，その目標達成のために協働する関係をもっています。そして，より効率的に組織活動を進めるための，戦略や戦術，あるいは規則などで統制されています。そのため，組織には常に「課題」や「問題」が存在しており，それについての認識が共有されなければなりません。

そこで質問を用いながら，本書でいう「課題」「問題」と表す実務内容の情報交換や意見交換などを行っていくことになります。仕入れた情報，見た情報，経験した情報，知っている情報，主観的情報などなど，個人の中に埋もれているものを表面化させ，メンバーの話し合いのテーブルに載せていかなくてはなりません。それが「情報交換のプロセス」です。

◉ 1-2　互いによりわかり合うこと：相互理解のプロセス

　また，私たちは互いの関係にも目を向けなければなりません。これまでにもコミュニケーションの重要性については繰り返して書いてきましたし，日常的な活動の下地となる「ファウンデーション・スキル」についても解説してきました。相互理解のプロセスとは，さまざまなスキルを用いながら互いの関係性を深めるためのプロセスです。

　先ほどの情報交換のプロセスのなかで「相手の話を理解したい」と思う気持ちは，情報交換のプロセスを促進すると同時に相互理解のプロセスも促進します。自分の話を聴こうとする相手に対し，人は好意を抱きます。また，仕事に即してはいない内容だとしても，相手の気持ちを理解しようと寄り添う質問を投げかけることにより相手は自分を理解しようとしてくれている人を受け入れるという相互理解のプロセスが進みます。

　仕事にかたよれば関係が置き去りにされ，関係にかたよれば仕事が置き去りにされる――どちらも好ましいことではありません。組織の中のコミュニケーションが目指すのは，互いに関係を構築しながら，すぐれた結果を出し続けることです。質問のスキルも，その意図のもと発動されます。

❷ 問いかけの効果

　前述の「どうして言わないんだ」「なぜできないんだ」「間違いに気づかなかったのか？」などの台詞は，質問形式にはなっているものの相手がその言葉を受けて自分の言動を省みる過程につながりません。組織の中のコミュニケーションで求められているものは，**省察的質問**です。では，省察とはどういった意味でしょう。

省　　察
自分に意識を向けて，自分の言動を考察し，善し悪しを考えること

　省察的質問を投げかけられたとき，人はその答を自分の内側に探りにいきます。これこそが組織の中のコミュニケーションで求められている質問です。「どうして言わないんだ？」と言われて，言わなかった自分の行動を省察し回答を出す人はまれです。
　「どうしてできないんだ？」と言われると，まず，「ごめんなさい」と答える人が多いでしょう。つまりこれは，省察的質問ではないからです。だから相手は，その答えを探すた

めに自分に焦点を当てることができないのです。
　では，**省察的質問**とはどういった質問をいうのでしょう。具体的に台詞にしてみました。

> ■ 省察的質問
>
> 「あなたがもっとも問題だと感じたのは何だったのですか？」
> 「何が起こったのですか？　そしてあなたはどう感じたのですか？」
> 「あなたにとって，もっとも改善すべきと感じられることは何ですか？」
> 「今あなたが成し遂げようとしていることは，あなた以外の人にどんな影響をもたらすでしょうか？」
> 「あなたがそのことに着手せずにいることで，何を失っていると思いますか？」

　このような質問は，「あ，どうしてだろう？」「なぜ，こんなことになったんだろう？」「自分がそうだと思ったのは，何が起因しているんだろう？」と自分の言動を考察する機会になります。本人が本性的にもっている考察力のスキルの高低に依存することも否めませんが，多くの場合，質問者の質問の質を変えることで，答える人は省察的になる機会を得ることができます。
　質問は本来，意識を内面に向けていくためのものです。間違いを正すものでもなければ，相手を問いつめることでもありません。質問により「できごとを客観的にふり返る」「できごとの善し悪しを冷静に検討できる」「自分を観察する」「自分を洞察する」ことが可能になるものです。自問自答では自分の枠の中で質問が生まれて自分の枠の中で答えを出すので，省察力が高くても枠を突破するのに時間がかかりますが，質問してくれる相手がいるだけで，それ自体があたらしい視点の提供となり，考えを巡らせることができます。
　この一連のプロセスを何というかご存知でしょうか。**学習**です。
　OJT（On the Job Training）において，よくいわれることとして「仕事というのは業務をすることと学び方を学ぶこと」がありますが，上司は部下に職場内訓練で業務について教えるだけでなく，彼らが自立できるよう学び方を学ぶことにも力を注ぎます。この後者に該当するのが，今ここで出した「学習」という言葉です。不毛な質問に応答することでどんなに言い訳がうまくなったとしても，それは学んだとはいいません。「言い訳上手」になった，だけです。自分の成長に役立つものは獲得できません。
　さて，省察的質問に答えることは，自己内に保存していたものを表面化させることを意味しています。話しながら気づくこともあるでしょうし，質問を受けることにより内に温存しておいたコンテンツを出して相手と共有した，ということもあるでしょう。
　ですから，質問者は，相手が，冷静にふり返りができる質問をする，相手が，自分に意識を向けることができる質問をする，相手が，自己観察・自己洞察できる質問をするように心がけ，相手が内面に保持しているものを表面化していく援助をします。

以上のように，質問者がどのような質の問いをするかは，受け手が返答を探っていく過程に大きな影響を及ぼしますので「思い込み質問」「決めつけ質問」「押しつけ質問」などをしないように配慮しなくてはいけません。

■ コミュニケーションにおける問いかけることの基本マインド
問いかけは，相手のためのもの

■ コミュニケーションにおける問いかけることの基本スキル
問いかける側の枠組みが柔軟である

❸ 問いかけることのメリット

　通常，コミュニケーション論を学習する場合，送り手と受け手とその周辺に関連することが書かれており，多くのコミュニケーションスキルの解説でも，**聴き方**と**話し方**について解説しています。そのとき「**質問すること**」は，聴き方のスキルの1つと捉えられ，聴くことを援助するものとして扱われることが多くあります。なぜなら質問に対して相手が発言することで「聴く」ことが可能になるからです。「聴くためには，質問するとよい」という発想に基づいているのです。しかし，質問は聴くことを促すだけの存在ではありません。質問には，人の可能性を大きく拡げる力があるのです。そこで，本書では，「質問するスキル」を「聴くスキル」や「伝えるスキル」と並列に扱い，重要な役割を担うものとして学びます。

　一方で，顧客ニーズを知ることができたり，上司が部下に報告を受けるときより具体的に内容を知ることができたり，会議で発言の少ない人から考えを引き出すことができるように，多くの場面で活用できる質問のスキルだけを扱う本が書店の店頭でみかけられます。おどろくことに質問だけで会話すべしという人さえ出ているほどです。しかし，私は「それは無理！」だと感じています。矢継ぎ早に質問され，自分ばかりが話をさせられるのは，あんがい嫌なものです。質問だけで会話をしようとするのはかえって非効率的です。

　そのかわり，会話の中に適切に質問を盛り込むことでさまざまなコミュニケーションの質を著しく向上させることができます。それは，省察的質問がもっている性格の影響です。

　また，意見をどんどん出すことのできる人にも，いつか限界が訪れます。次々とアウトプットするためには各人のアイディアの容量が問題になりますが，新しい視点からの投げかけにより各々に刺激が与えられ発想に変化が起きることがあります。互いに質問しあえばさまざまなアイディアを出しあうことができ，組織としてのアウトプットが増えていきます。質問によって各人の発想を引き出すことは，仕事の創造，関係の創造に多大な可能性を与えていくのです。

　さて，質問の意義と重要性を理解していただけましたでしょうか。質問の形を作って相

手に関わってほしいのではなく，あくまでも省察的質問というスキルを獲得していただきたいと思います。

08-02　省察的質問

❶ かたまりを「ほぐす」「まとめる」「広げる」

それでは，まず「**かたまりをほぐす**」という質問スキルから始めます。ここでは，**ほぐす**，**まとめる**，**広げる**，という３つの考え方を紹介します。

人は自分の感情や過去の体験，現在の状況などを，ある程度まとまったかたまりにしてもっています。「**かたまり**」というのは，たとえば，「一言でいえば，つらい高校時代だった」とか「今日は楽しい一日だった」などです。「私の仕事はファシリテーターです」というのもまとまったかたまりですし，「営業マンです」というのもかたまりにあたります。

このようにまとまった「かたまり」は，イメージはできるものの，具体性がなく抽象的な場合が多いでしょう。そこで，大きな「かたまり」について，**ほぐす**ことで具体的な情報を集めていこうと思います。

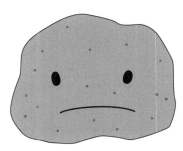

おいらは，営業マンなんだ

あなたの仕事は何？
「**営業だよ**」。
大きな「かたまり」とは総称的で抽象的なものを指します。

営業って，どんなことをしているのかしら？

次の例は法人に向けたオフィス用品の販売会社の営業１係のＡ係長と，Ｂ係員の会話です。

Ａ係長：今日の営業はどうだった？ Ｂ係員：まずまずでした。
※「まずまず」というものすごく大きなかたまりが出てきました。ここでおわれば「あいつ，まずまずだったんだな」で終わりです。「まずまずって，そもそも何だ？」ということですが……。
Ａ係長：ふーん。まずまずっていうのは，どういうこと？ Ｂ係員：普段と変わらないってことですよ。いつもと同じです。
※これでもまだわかりにくいですね。普段はどんな感じなのでしょう。

A係長：いつもと，ね……。いつもと同じって，何がどう同じなのかわからないなぁ。具体的に何があったの？
B係員：今日は，＊＊＊＊さんから紹介を受けて新規顧客のところに行ったんです。紹介があったので先方で話をきいてもらえましたし，商品についての質問も出て興味をもってもらえたようですが，「特にぜひ！」という話にはなりませんでした。つきあいできいてくれた感じです。＊＊＊＊さんの紹介のときはいつもこんな感じです。

　　※なるほど。だいぶ様子がわかってきました。かたまりが少しほぐれてきたので，具体性がみえてきましたね。
　　※しかし，詳細はまだみえてきません。かたまりをほぐすにはまだもう少しかかりそうです。

A係長：と，いうことは＊＊＊＊さんはよく紹介をしてくれるの？
B係員：はい。これまでにも4つの会社をご紹介いただいています。
A係長：それは知らなかったなぁ。
B係員：すいません……。報告していませんでした。
A係長：ところで，＊＊＊＊さんはなぜそんなにうちに紹介してくださるんだろう？　君はどう思う？
B係員：わかりません。
A係長：＊＊＊＊さんにきいてみたことはある？
B係員：ないですね。そういえば，なんでなんだろう？
A係長：ご紹介くださるには何か訳があるように思うんだけど。それを知ることは，君の営業活動によい影響を与えるかな？
B係員：そうですね，考えたこともなかったけど，何か思いがあってご紹介くださったのだと思います。そして，それをきいて今日の方も会ってくださったと思うので，ぜひ理由を知りたいです。何かを見落としているような気がしてきました。
A係長：見落としているような気が？
B係員：はい，そこを押さえることができていなくて，いつもぽちぽちで終わるのかもしれません。
A係長：そうか。じゃあ，どうすればよいと思う？
B係員：＊＊＊＊さんに教えていただくのが一番です。さっそく，＊＊＊＊さんにアポを取って時間を作ってもらい聞いてきます。
A係長：そうだね，それがいいね。事情がわかったら私にも教えてくれないか？　それと，近々私もお礼に伺いたいと＊＊＊＊さんに伝えておいてくれる？
B係員：わかりました。

　　※だいぶ様子がわかってきました。かなり状況もみえてきましたね。
　　※A係長の問いかけも，相手が自分自身に焦点を当てて考えることができるような質問だったことがうかがえます。

　せっかくですので，省察的ではない問いかけの例も出しておきましょう。法人に向けたオフィス用品の販売会社の営業1係の係長と，係員の会話です。省察的な質問アプローチの大切さが理解しやすい例ではないでしょうか。

A係長：今日の営業はどうだった？ B係員：まずまずでした。
※「まずまず」というものすごく大きなかたまり，ここで終われば「あいつ，まずまずだったんだな」で終わりです。そこで「まずまずって，そもそも何だ？」ということですが……。
A係長：ふーん。まずまずって，だめじゃないか。うまくいかなかったってこと？ B係員：そういうわけではないのですが……。「うまくいった！」って感じでもないです。
※なんだか，言い訳がましい答えですね。
A係長：意味がわからないね。何があったんだ？ B係員：今日は＊＊＊＊さんから紹介を受けて新規顧客のところにいったんです。紹介があったので先方で話をきいてもらえましたし，商品の質問をして興味をもってもらえたようですが，「特にぜひ！」という話にはなりませんでした。つきあいできいてくれた感じです。＊＊＊＊さんの紹介のときはいつもこんな感じなんですよね。
※なんとか同じことを情報として引き出すことはできたようですね。ここに至るまでの過程はずいぶん違う印象を受けますが……。
A係長：紹介してもらったのにうまくいかないってどういうこと？ B係員：いえ，うまくいってないって意味じゃないんです。
※なかなかB係員が省察的になれませんね。
A係長：どういうこと？　よくわからないな。 B係員：可もなくなく，不可もなくです。
※話の内容も具体化の様子をみせません。
A係長：そんな感じで新規にお客さんがとれるの？ B係員：……わかりません。
※もはや何のために会話をしているのかわからなくなってきます。
A係長：もう一度＊＊＊＊さんに頼んでみたら？ B係員：そうですねぇ……。
※A係長のアイディアが出され，それを受け取る感じ。
A係長：＊＊＊＊さんがもう一度プッシュしてくれたらいいけどね。そうしたら，うまくいくんじゃないかな。どう思う？ B係員：わかりました，じゃぁ＊＊＊＊さんに報告をかねて連絡してみます。
※誘導性を感じます。

　ところで，このように大きなかたまりとして出てきた言葉，「まずまずでした」を，質問でほぐしていくことで具体的にはどうなのかがみえてきます。これはビジネス用語で**ブレイクダウン**，**ダウンサイジング**などといわれるものです。

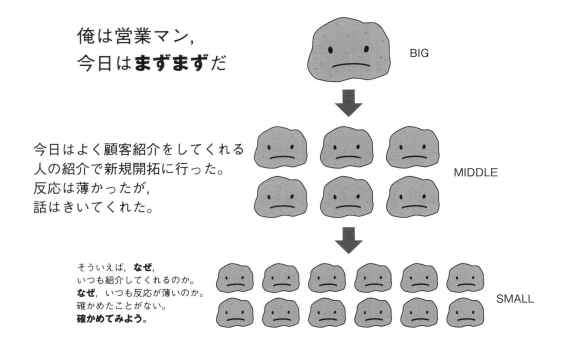

俺は営業マン，
今日は**まずまず**だ

今日はよく顧客紹介をしてくれる
人の紹介で新規開拓に行った。
反応は薄かったが，
話はきいてくれた。

そういえば，**なぜ**，
いつも紹介してくれるのか。
なぜ，いつも反応が薄いのか。
確かめたことがない。
確かめてみよう。

　また，具体的になったものを，大きなかたまりにまとめることで，確認作業ができたり，本来の目的に立ち戻り方向性の確認ができます。
　上記の係長と係員の例では，係長の「では，今回の件を改善するために，君はまず＊＊＊＊さんに真意をきいてみるんだね？」とか，「＊＊＊＊さんに真意をきいてみる理由は，なんのため？」といった質問の例が「まとめる」に当たります。
　もっとアイディアを出したい時やいきづまったときには視点を変えるため，**スライドアウト**という呼び名の「**広げる**」ためのスキルを使います。それは着眼点の角度や立場を変えるような質問をすることです。たとえば「他にはありませんか？」「あなたがお客様だったとしたら，どう解釈すると思いますか？」「10年後のあなたは，今のあなたを見て何と言うでしょう？」などです。さて，用途はおわかりいただけましたか？
　いよいよ，質問をつくる項目に入っていきます。

❷ 質問の使い分け

　質問には，大きく分けて2つのタイプがあります。拡大型質問と特定型質問です。
　拡大型質問（open question）は，自由回答式とも呼ばれるもので質問を受けた側が自由に答えることができる質問で，答えるまでに比較的時間を要すタイプのものです。対して，**特定型質問**（closed question）は，限定型質問・特定回答式とも呼ばれ，答えがある程度特定されたものです。このスタイルの質問に答えるには，あまり時間を要さないといわれています。

■ ビジネスでよく使う5W1Hを使った整理

拡大型質問		特定型質問	
	質問例		質問例
What	何があればそれが実現しますか？ そうなった原因は何ですか？ 何を獲得したいですか？	Who	それは誰の役目でしたか？（特定：人）
		When	いつから始めますか？（特定：とき）
		Where	どこに行けばその情報は手に入りますか？（特定：場所）
Why	なぜこのようなことが起こったと思いますか？ なぜ，うちではなく他社の商品が選ばれたと思いますか？	Yes, No	元気ですか？ 合っていますか？ 知っていましたか？ できますか？（はい，いいえ，で答えることができる）
How	どうすれば，それを相手に伝えることができますか？	A or B (Which)	未来ですか，それとも過去ですか？ この3つの中から何を選びますか？（特定：選択肢が用意されている）
かたまりをほぐしていくときによく使います。拡大型は，相手が考えて，多くの情報が引き出されます。話を一段落させたい時やまとめたいときなどに使うと，いつまでも広がってしまうので気をつけましょう。		かたまりをまとめるときによく使います。特定型は，相手が決断をするときや，話の焦点を絞りたいとき，目的に立ち戻るとき，話をある程度まとめようとするときに用いられます。ほぐしたいときにつかっても，なかなかほぐせないので気をつけましょう。	

　私は職業柄，無意識に相手に質問を多用することがあります。自分のことを話すのが嫌とか，相手のことを何が何でも聞き出してやろうといったようなつもりでもなく，もはやコミュニケーションの習慣となっているのです。もともとその気配はあったようで，高校時代に「人のことばかり聞き出して，あなたはどうなの？」と中学来の友人に言われてから，気をつけていますが，おそらく，よほど質問ばかりを浴びせていたのでしょう。と，共に極端に自分の話をしなかったようです。

　たとえば，相手の省察力が極端に低い場合，省察的質問をしても相手に入っていきません。そろそろ話をまとめようとして特定型質問を用いても，相手は話を次々に展開していきます。他にも，具体的に質問しても，世界観の違いから別のことを答えてくる人もいます。このように，がんばって質問しても相手に届かないことがあるため，質問する場合は，ちょっとした忍耐が必要です。また，相手はそれに答えられるだけの能力が備わっているとは限りませんし，意識的に，あるいは無意識に拒絶や警戒をしている人もいます。そんなときは，あきらめずにまたの機会を模索します。機会は何度でも訪れます。

Case Study 22

「要するに」と言われると，つまりこういうことなのだよとそこまでの話の流れをまとめてもらえると期待をしてしまいます。

面談のとき，傾聴を心がけましたが話が掴みきれずにいたところ，相手から「要するに」という言葉が出てきました。光が差し込んだ気分になりました。しかし，それは口癖だとわかりました。「要するに」を皮切りにして新しい話を展開していくからです。それまでの話がつかめないまま新しい話題になり，毎度わからないままに面談が終わっていました。やがて「きく」よりも「質問」を中心に面談をすると良いのではと考え，積極的に質問をしてみました。すると，質問を皮切りに（まるで「スイッチオン！」のように）相手は次なる新しい話題に展開していきます。この時は質問が相手に届かないこともあると痛感しました。

この経験を通して，相手からの質問を受けとめることや応答することの大事さを学ぶことができたと思います。これは稀なケースで，多くはルールを守って質問をすれば受け取り応答してもらえます。両者でより良いコミュニケーションを持ちたいものです。

あなたがあきらめない限り，ファウンデーション・スキルの取り組みから始めるのもよいでしょう。そういったことも加味しながら，次は場面により質問を使い分けることを学びます。質問の，場面による使い分け方について表にしました。ご参考ください。

■場面別使い分け

使う場面	（具体例）
未来型質問 （時制を未来に）	目標をみる／創造力を引き出す
	「10年先，あなたはどうなっていたいですか？」「このまま特に努力もしないまま10年経過すると，あなたはどうなっていますか？」「このまま行動を継続した場合，何を獲得できますか？」
過去型質問 （時制を過去に）	原因を探る／ふりかえる
	「その時，あなたはこの事態をどのように解釈したのですか？」「そのような行動をとった理由はなんですか？」「あなたがそのような意思決定をした理由は何でしょう？」
仮定型質問 （仮定法を用いる）	創造力を引き出す／視点を変える
	「もしもあなたが上司だったら，その場合どう言ったと思いますか？」「もしもあのまま続けていたら，今どうなっていたでしょうか？」「もしもたくさんのお金を手に入れることができたら，何が叶いますか？」

08-03　質問のワーク

❶ 質問の創造

　私たち日本人は相手を察することを重んじる文化をもつためか，人に質問をすることに慣れていない人が多く，躊躇することが多いようです。質問研修を企業内で実施したときは「質問がこれまでのコミュニケーション研修で一番難しい」というコメントが多く寄せられます。

　そこで，まずは書き出して質問に慣れていくことをおすすめしています。つまり，書いて書いて書きまくります。私の仕事であるコーチングという仕事は，ほぼ質問で成立しているようなものです。2000年にこの仕事に就いてから，質問力向上のため，つまり，すぐに相手に問いを提供できるようになるために，何千何百もの質問を書いて，質問帳をPCでつくりました。その質問データを人に見せると，みな一様に驚くほどの質問の列挙です。最初はそれを繰り返し読み覚えることからスタートしました。質問に慣れるには努力あるのみ――努力をした人にだけ質問の神が舞い降りてきます。

　では，さっそく始めてみましょう。以下の状況での質問を創造してください。細かいシチュエーションは，自分で想定してみてください。場面別での使い分けも参考にしながら，可能な限り質問をつくるよう心がけてください。

1) 部下（あるいは同僚）から状況説明を受けましたが，漠然としていて状況がのみ込めません。どのような質問を投げかけますか？

　　_____

　　_____

　　_____

2) 部下（あるいは同僚）が納期までに（約束した時までに）書類を提出してくれませんでした。何か理由があるかもしれません。どのような質問を投げかけますか？

　　_____

　　_____

　　_____

3）上司の指示があやふやです。どのような質問を投げかけますか？

　　_____
　　_____
　　_____

4）お客さんが来訪され，たいへん怒っています。ところが，クレームの原因となることが特定できないため，主張が正確に把握できません。お客さんに向けてどのような質問を投げかけますか？

　　_____
　　_____
　　_____

5）外出先から戻ってきた職員が泣いてばかりいます。泣いている理由も不明瞭です。どのような質問を投げかけますか？

　　_____
　　_____
　　_____

6）トラブルがありました。その報告をしてきた相手（報告者）の言動にその原因があるのに，本人はそれに気づいていません。どのような質問をしますか？

　　_____
　　_____
　　_____

7) 相手は自分の本心を話さず一般論に終始してしまいます。いよいよどのような質問を投げかけますか？

_____
_____
_____

8) もう十分に原因がわかりました。本人（相手）も反省しています。ふりかえりは十分と判断しました。次にどのような質問を投げかけますか？

_____
_____
_____

でき上がったら，メンバーでシェアしてみましょう。思いがけない質問を作っている人もいて参考になります。

❷「なぜ」と「何」の置き換え

Column 8 「なぜ」と問うか，「何」と問うか

昔からよく，「『なぜ』と3回問え」といわれています。しかし，近年では「なぜ」を使ってはならないという風潮があるようです。その理由は「『なぜ』は相手を責めている印象を与える」からなのだそうです。しかし，「『なぜ』と3回問え」というのは，人に対してではなく，物事に対して使っていた言葉です。

- なぜ，こんな結果になったのだろう。
- なぜ，うまくいかなかったのだろう。
- なぜ，なぜ，なぜ……。

こうやって，研究者は目の前の結果につねに疑問を持ち続けることで多くの発見を生み出してきました。「なぜと3回問え」というのはこういうことです。松下幸之助も「日に新たであるためには，いつも『なぜ』と問わねばならぬ」という言葉を残しています。つまり，なぜ，と問うことは，悪ではないのです。

では，なぜ「『なぜ』を使わない方がよい」といわれるのでしょう。それは，以下の条件が揃ったときに，負の作用をもたらすことがあるからです。

①使う対象が「人」であること
②否定形が用いられていること
③負の感情があらわれていること

この3つが揃ったときに，「なぜ」の活用は悪いと呼ばれ始めます。

【なぜ ＋ 人 ＋ 否定形 ＋ 感情】
●なぜ，君は片付けないのか　（激しく怒る）
●なぜ，君はできないのか　　（厳しく言い放つ）
●なぜ，君はハッキリしないのか（いい加減にしろという目線）

これらは省察的質問とはかけ離れた存在であり，相手の言い訳を引き出すことが多くあります。しかし，これも「感情」を変化させれば十分に省察的質問に変えることができます。さらに，否定形を肯定形に用いれば，完全に省察的質問になります。この場合，創造活動というより現状の把握などの目的で使うことができます。

●なぜ，君は放置しているのかな？
●なぜ，君は未完成なのだと思う？
●なぜ，君は抽象的な話し方なの？

などです。
このように現状把握のために，「なぜ」を使って事柄を明確にしていくことができます。創造的なアプローチを使うときに，「何」に置き換えることをお勧めします。たとえば，

●何があったら，それができたかな？
●するために，必要なものは何？
●君に何があれば，はっきりと相手に伝えることができるだろう？

などです。これらは，思いや考えを引き出すのでこれからの行動計画や目標設定のときなどに使うと有効です。

以上のように，「なぜ」は十分使えます。が，私たちは「何」を使うことに慣れていないので慣れることを目的に，以下の「なぜ」を何に置き換えてみましょう。これは，けっこうおもしろいワークになります。なぜなら……。

おもしろワーク　Why（なぜ）を，What（何）に変えてみる

WHY	WHAT
なぜ，書類を放ったらかしにしていたんだ？	
なぜ，約束を守れないんだ？	
なぜ，報告しないんだ？	
なぜ，納期に間に合わないんだ？	
なぜ，目標が達成できないんだ？	
なぜ，私に相談しないんだ？	
なぜ，行動しなかったんだ？	
なぜ，計算を間違えたんだ？	
なぜ，先方に確認しなかったんだ？	
なぜ，返事をしないんだ？	
なぜ，起きられなかったんだ？	
なぜ，言い訳ばっかりするんだ？	

　では，書いたらメンバーでシェアしてみましょう。なぜ，おもしろいかわかったでしょう？　ほとんど，みんな同じ答えだからです。では，まとめに入ります。質問力を向上するには，以下のことに注意しましょう。

- **日々意識して使うこと**
- **書いて書いて書きまくること**
- **書いたら読んでみること**
- **「今の質問は，あなたにとってメリットと感じられる質問だったか」と相手に質問をしてみること**

❸ 質問のスキルの学習の整理

質問のスキルの学習を整理していきます。

①大事だと思う部分にカラーペンで線を引いてください。	
②聴くことの項目の中であなたが印象深かった内容を3つ挙げ，それぞれ印象深かった理由を書いてください。	
印象深かった内容	その理由
1	
2	
3	
③②で挙げたスキルは，それぞれどのような場面で特に活用できると思いますか？ あるいは，活用しようと考えていますか？ 相手や場面などを想定しながら書いてください。	
印象深かった内容	活用の場面
1	
2	
3	

以下の文章を完成させてください。

①聴くことと質問することの関係性は，
②組織の中のコミュニケーションで求められている質問とは，
③かたまりをほぐすことを，
④かたまりをほぐすときに有効な質問の形は，

08　領域2：問いかけること

⑤かたまりをほぐすときに使う質問例を5つ挙げると，
⑥ちいさなかたまりをまとめることを，
⑦小さなかたまりをまとめるときに有効な質問の形は，
⑧小さなかたまりをまとめるときに使う質問例を5つ挙げると，
⑨広げることを，
⑩広げるときに有効な質問の形は，
⑪広げるときに使う質問例を5つ挙げると，
⑫目標を設定するときに有効な質問の形は，
⑬目標を設定するときに使う質問例を5つ挙げると，
⑭原因を探し出したりできごとをふりかえるときに有効な質問の形は，
⑮原因を探し出したりできごとをふりかえるときに使う質問例を5つ挙げると，
⑯「なぜ」は使ってもよいのですか？
⑰（⑯について）それはなぜですか？

メンバーとシェアしてみましょう。

❹ 現場での活用

質問スキルについて，現場での活用を考えてみましょう。

◉ 4-1 「質問でほぐし，質問でまとめる」ためのレッスン（1）

①テーマについて考える（5分）

お題「最近，業務で困っていること」（➡問題の糸口をみつけたい・状況を整理したいなど）

_____

_____

_____

②話し手と聴き手（質問者）に分かれてセッションをします。

> ●聴き手（質問者）のルール
> ■アドバイスはしない　　■自分の意見は述べない　　■聴くスキルも使いましょう
> ■テーマを共有することを目的と心得てみてください（問題解決をしようとしない）
> ●話し手は自由に話をしてください

①テーマを掘り下げる（チャンク・ダウン）
●話し手が持ち出してきたテーマを共有するため，内容を深めていきましょう。 質問例：「具体的にはどんなことがありましたか？」「その時，あなたはどんなことを考えたのですか？」

08　領域2：問いかけること

②テーマを確認してみる（ほぐす）

●テーマを十分掘り下げたと思ったら，まとめてみると話が共有されているか確認ができます。

質問例：「ということは，……ということなんですね」「それは，……ということであっていますか？」

③聴き手の人へ

※相手の話は，どういった内容でしたか？　具体的に書いてください

③話し手の人へ

※聴き手の人の質問の仕方について，リクエストをお願いします。

④シェア・気づいたこと

● 4-2 「質問でほぐし，質問でまとめる」ためのレッスン（2）（送り手と受け手の交代）
①テーマを考える（5分）
　お題「最近，業務で困っていること」（→問題の糸口をみつけたい・状況を整理したいなど）

_____
_____
_____

②話し手と聴き手（質問者）に分かれてセッションをします。

> ●聴き手（質問者）のルール
> ■アドバイスはしない　　■自分の意見は述べない　　■聴くスキルも使いましょう
> ■テーマを共有することを目的と心得てみてください（問題解決をしようとしない）
> ●話し手は自由に話をしてください

①テーマを掘り下げる（チャンク・ダウン）

●話し手が持ち出してきたテーマを共有するため，内容を深めていきましょう
質問例：「具体的にはどんなことがありましたか？」「その時，あなたはどんなことを考えたのですか？」

②テーマを確認してみる（ほぐす）

● テーマを十分掘り下げたと思ったら，まとめてみると話が共有されているか確認ができます。

質問例：「ということは，……ということなんですね」「それは，……ということであっていますか？」

③聴き手の人へ

※相手の話は，どういった内容でしたか？ 具体的に書いてください

③話し手の人へ

※聴き手の人の質問の仕方について，リクエストをお願いします。

④シェア・気づいたこと

❺「はじめに」の実践

質問スキルも，ぜひ，「はじめに」の5点を意識しながら実践してみましょう。

①**行動すること**（日々の中でやってみる）
②**検証すること**（行動したことについてふりかえる）
③**省察的な姿勢で取り組む**
④**「何が」に焦点をあててふりかえること**
⑤**「ある一定期間継続して取り組んでみる」をかたくなに守ること**

---

①質問の演習をしてみて「私」が取り組もう（取り組みたい）と思うことはなんですか？
例：「シンプルな質問を数多くする」「意見を言わない質問のチャレンジをする」「系統的に質問を進める」など

---

②どのような意図・目的をもって実施しますか？
例：「相手の状況をより正確に把握するため」「本当の理由を知るために」「話に流れをもたすため」など

---

③とくに「誰に対して」というのは，ありますか？ あるならば，その人とのコミュニケーションは，現在どのような状況ですか？
※なければ空欄のままでかまいません。

④とくに「このような場面」「このような状況の時」という設定はありますか？
※なければ空欄のままでかまいません。

⑤このチャレンジをなんとしても次回研修まで継続するために，何か「仕組み」のようなものは必要ですか？　必要であれば，それはどのような仕組みでしょうか？
例：「できていない場面を見かけたら仲間に指摘してもらう」「毎日できた数を正の字でチェックする」「ポケットに石を入れておいて，石に触るたびにチャレンジを思い出す」など

⑥次回の研修時までチャレンジし続けたことを，第三者が測りとれる何か基準となるようなものはありますか？
例：「毎日つけた正の字」「"今できてなかったよ" とその場でフィードバックしてくれた人が証人」「チャレンジして具体的にどんな変容があったかを，周囲の人に評価してもらう」「石のぽろぽろ度」など）

⑦次回研修までチャレンジを続けますか？　「はい」・「いいえ」で答えてください。

09 領域3：伝えること①
概要・レセプタ・敬語

09-01　伝えること

❶ コンピテンスとパフォーマンス

　伝えることは，自己表現の中でも直接的な働きかけです。最初に紹介したい言葉は「**コンピテンス（competence）**」と「**パフォーマンス（performance）**」です。**コンピテンス**とは分野によってさまざまな意味をもつ言葉ですが，本書では，言語能力のことを指して使用します。ここでは，文字通り，言語に関する知識やルールのことで，日本語にある敬語や，語彙あるいは，言葉のスキルなどのことをいいます。**パフォーマンス**は本書では，言語運用，すなわち実際に言語を使用する行動のことを指します。現場で言葉と同時に用いる非言語表現などをいいます。

　理論言語学者のチョムスキー（1970）は，この2つの概念を区別しました。社会言語学者のハイムズ（Hymes, 1972）はコミュニケーション能力とは，単に言葉の問題だけではなく環境，たとえば非言語表現などと作用しあう社会的性格をもつものであり，コンピテンスとパフォーマンスの2つが備わっていることをコミュニケーション能力と呼んでいます。

Case Study 23

　社会福祉制度に関連したある講演にいったときのことです。1部と2部の構成に分かれ研究者の方がお話をされました。第1部の講師は専門性の高い講演内容をその専門用語で講ずる講師でした。集中力を高めていたので，がんばって理解に努めましたが，途中からは「とにかくメモをして家で調べよう」と自分にとって重要と思われるキーワードのメモ取りに精を出しました。60分間ひたすら傾聴力を駆使し聞き逃さないようにしていると，あっという間に60分間が過ぎました。
　2部の講師も専門性の高い講演内容でしたが，パワーポイントや映像・画像を用いて，事例や実例の引用，時にはユーモアを交えて，聴衆が理解できるように工夫を織り交ぜたプレゼンテーションでした。メモをとることも忘れるほど，あっという間の60分間でした。
　どちらからもすばらしい学びを得ましたが，コミュニケーション能力という観点で言語運用も伴っていた後者のプレゼンテーションに目をひかれました。

おそらく多くのみなさんもすぐれた言語能力をもってさえいれば，コミュニケーション能力が高い，というわけではないと直感的に理解されているのではないでしょうか。

ハイムズが，コンピテンスとパフォーマンスをセットにして，コミュニケーションの能力を考えるべきだというように，私も自身の体験を照らし合わせると，両者はコインの両面のような存在で切り離すことができないものであると思います。どちらか一方だけが磨かれたスキルをもっていても相手が磨かれていない方を重視すればその価値は下がります。

ていねいに挨拶をされても表情や態度はつっけんどんだったので慇懃無礼だと感じることもあります。たとえば，だいぶ年下の職場の男性と話をした折，彼は，私よりも仕事についての知識を多くもっていましたが，説明の際に丁寧語が全く使用されず，いわゆるタメ口で話をされたため，たいへん不愉快だったことがあります。

以前，コミュニケーションは受け手に決定権があると述べました。そのためスキルの学習であるコンピテンスを磨くことに偏ることなく，互いの関係性や環境などにより，スキルの使い方の能力も高くなるように，コミュニケーション能力を磨いていきましょう。本章からは「伝える」ことを学習しますので，コンピテンスがよく出てきます。だからこそパフォーマンスについても十分，意識しながら学習を進めていきましょう。

❷ 言　語

何かを「**伝える**」手段としては，「**非言語**」と「**言語**」の表現方法があります。非言語は「聴く」の項で学習しましたので，ここでは主には「言語コミュニケーション」について学んでいきます。まずは「言語」という言葉のもつ影響を考えます。言語表現は言葉を用いて思いや考えを表明することですが，「何を言うか」といったテーマと，「どう言うか」という2つのテーマがあります。

> ☐ 何を言うか　「言葉・言語」ランゲージ（language）
>
> これは言葉そのものをさします。話す内容です。

> ☐ どう言うか　「周辺言語」パラランゲージ（paralanguage）
>
> これは周辺言語のことで，どのように表現するのかということです。

周辺言語については，「非言語表現とどうちがうのか？」疑問に思われるかもしれません。まず，言語表現と非言語表現は，「言葉そのもの」と「言葉以外のすべての表現」を区別したものです。言語は有声言語と無声言語に区別されますが，この有声言語は「何を言うか」という次元と「どう言うか」という次元に分けて考えることができます。たとえば，「ありがとう」という一言（言語：何を言うか）も，明るい声で（周辺言語：どう言うか）言うか，ふてぶてしく（周辺言語：どう言うか）言うかで表現自体が違ってくるのです。

ひとは，言葉の意味そのものより，そのひとがどのように言ったか（周辺言語）や，どのような様子なのか（非言語表現）が，とても気になります。

この**周辺言語**は非言語表現の中でも有声言語に該当します。「猫なで声」「きびきびした話し方」「甲高い声」「過剰に早口」などの**声の様子**などがこれにあたります。他にも笑いとか咳払いなども音声ですので周辺言語です。人は，言語を受け取るときに言語と非言語を受け取りますが，同時に周辺言語といわれるものにも強い影響を受けています。ですから，説明力や説得力を習っても，周辺言語が相手に不快感を与えてしまうとメッセージをなかなか受け取ってもらえなくなります。

意思を伝える最大の手段は「言葉」であると考えられていますが，実際にはさまざまなものに補われています。非言語表現の研究では第一人者といわれているバードウィステル（Birdwhistell,1970）は「二者間の対話では言葉によって伝えられるメッセージ（コミュニケーションの内容）は全体の35％にすぎず，残りの65％は，話しぶり，動作，ジェスチャー，相手との間のとりかたなど，言葉以外の手段によって伝えられる」といっています。さらに，集団になると言葉の内容の伝達はわずか7％までに低下するという研究結果を出しています（ヴァーカス，1986）。

言葉のコミュニケーション		言葉以外のコミュニケーション
言語コミュニケーション（verbal communication）		非言語コミュニケーション（non-verbal communication）
↓		↓

有声言語	無声言語	たとえば……
何を話すか 言葉・言語（language）	どう表すか 言い方・リズム・沈黙 周辺言語（paralanguage）	目線（アイコンタクト）
		顔の表情・ジェスチャー・動作・姿勢
「まぁ，お上品だこと」 「おほほほほ」	冷たい声で，シラーっとしたリズムで，淡々と	声の様子（言語コミュニケーションだが無声言語でもある）
送り手が選ぶ	送り手が選ぶ	距離感・接触状態
		みだしなみ・生理的な表現　など

Case Study 24

プレゼンテーションのスキル向上のために，自分の講義風景をビデオで撮影して改善点を明らかにすることにしました。

普段の様子を撮るつもりなのに良い映像にしようと講義の原稿をつくってセリフ回しまで細かく構成する念入りな準備をした自分も滑稽ですが，もっとも滑稽な自分はVTRの中にありました。楽しい事例を話しているとき，うまくいかなかった事例を話しているとき，普通に説明をしているとき，どのときも能面の表情で変化がありません。だからでしょうか。講義の内容も印象に残りにくいと感じました。

別角度から撮影していた受講者の方の表情も，自分を鏡で写し取ったかのように無表情でした。

まずは，話し方のテクニックを学ぶと共に，どのように伝えるかという周辺言語についても学ぶ必要があることを理解していただけたでしょうか。

❸ 伝えるスキル

それでは具体的に伝えるスキルの学習を始めていきましょう。代表的な伝えるスキルには次の7つがあります。

	スキルの名前	よく使う場面
1	レセプタを開く	話し始める前
2	敬　語	日常
3	説　明	報告をするとき，連絡をするとき，相談をするとき
4	承認（褒める・認める）	成果について，話をするとき
5	リクエスト（要望する）	相手の言動について，変更などを依頼するとき
6	サゼッション（提案する）	相手の言動について，変更などを依頼するとき
7	フィードバックする	こちらの意見を述べるとき

他にも，説得技法や交渉技法などがありますが，本章では，この7つの伝えるスキルのうち「レセプタを開く」及び「敬語」を学習します。落ち着いて，1つずつ学習していきましょう。

09-02　伝えるスキル：レセプタを開く

❶ ファウンデーション・スキルを基盤に

まずは**レセプタ**を開く，というスキルです。以前，80-1 頁のコラムに「安心の場の形成」について書きました。どんなに話を聴こうとしても，相手が自分に対して心を開いてくれなければ話をしてくれないため，聴くこともできない，という話です。日頃からの関係性がこういった1つひとつのスキルの結果に直接的に関係してきます。「ファウンデーション・スキル」のあなどれない，おそるべき威力なのです。

では，日頃からファウンデーション・スキルが適宜活用され，互いの関係性が構築されていれば，突然怒られたり，ひどい誤解を受けても，それはそれで許せるでしょうか。もちろん関係性が築けていない人と比べれば「いつもはこんなことないのに，今日はどうしたのかな？」とか「こういうときもあるさ」「きっと何か勘違いしているんだ」といったようなことで収まるかもしれません。しかし，それは日頃の関係に依存しているだけで，スキルという技術的なことについて，受け手が好意的に評価をしてくれた訳ではありません。そもそも，結果を求められる仕事で「きっと何かの勘違いさ」ですましていると，大事な情報を看過する結果にもなりかねません。

❷ レセプタを開く

そこで，ファウンデーション・スキルとは別に「**レセプタを開く**」というスキルがあります。**レセプタ**とはもともと生物学の用語で「受容体」という意味です。ここで誰のレセプタを開こうとしているのでしょう。もちろん相手のです。本書では，相手が話を聴く準備ができている状態のことを「レセプタが開いている」といいます。アンテナのようなイメージです。

> ### *Case Study 25*
>
> 私は仕事で資料づくりをするとき，長時間 PC の前で格闘しています。途中で何かの外的ストレスが入ると，思考がシャットダウンして，資料を作成する快適なリズムを取り戻せなくなります。ところで，このような状態のとき，私のレセプタは完全に自分の仕事に向けられて，関係者に声をかけられてもほとんど耳に入ってきません。「大事な相談なのだ」といわれても相手にコミットできないのです。これは，レセプタをもっていないのではなく，相手に対して開けていない状態です。

さて，この「レセプタ」が閉じた状態では，情報を受け取ることができません。特に，伝えるスキルである**フィードバック**（感じたことを率直に伝える）や**リクエスト**（要望）などの，相手がネガティブに感じることが予測されるメッセージを送るときには，受け取り側のレ

Case Study 26

私の娘はアニメにレセプタが開いているので情報をどんどん拾いかなりの博識です。24時間開きっぱなしといっても過言ではないかもしれません。息子はゲームをこよなく愛し、レセプタが開きっぱなしです。最新情報を彼にたずねるとすべてを知ることができます。

私が30代をすぎた頃、当時は大手フィルムメーカーのチェーン店の小売が商店街に何軒かありました。PCがいまほど普及しておらず、フィルムをカメラ屋で現像していた時代です。広島には本通という商店街があり、その端から端まで歩いているとその某フィルムチェーン店が5店舗ほどあったと思います。当時、そのメーカーのテレビCMに出ていたビジュアル系の男性タレントのファンだった私は、店舗ごとに彼の等身大のポスターが飾られているのに歓喜したものです。休みの日に本通を何往復もしました。「あ、あそこに＊＊がいる！　あそこにも！　あそこにも！」といった感じです。この話をたまたま仕事先である人に話しましたら、その人も営業でひんぱんに通るらしく「お店はあるがそのポスターは1度もみたことがない！　そんなの、ないよ」と言い切りました。私の全開レセプタに対して、貝のように閉ざされたレセプタの結果の違いでした。それにしても、こうやって書きながらふりかえってみると、5店舗だったかどうかも定かではありません。10店舗以上あったような気もしてきますし、5店舗もなかったようにも思えます。しかし、そこかしこに＊＊は、あふれんばかりにいたように思います。いったい私のレセプタはどれほど開ききっていたのでしょう。正確には妄想が多大に介在している状態ですが、レセプタの効果には、ただただ驚くばかりです。

セプタが柔軟になっている環境を作り上げることも大切なスキルの1つです。日頃のファウンデーション・スキルの活用とともに、伝える前にはレセプタを開くスキルを使ってみましょう。次のように、相手の受け入れる心構えを準備する言葉を用います。

■ 言葉の例

「今から耳の痛いことを言うかもしれないけど、聞いてね」
「率直な意見を伝えるね」
「言いにくいけど勇気をもって言うから、あなたも真剣に聞いてほしい」
「話が長くなるよ」
「君が触れたくないことについて話すけれど、大事なことなのでしっかり受け止めてほしい」
「状況はいろいろあったと思うけど、君自身の言動をふりかえりながら自己成長という意味で聞いてほしい」

仕事をしていると、上司や同僚からフィードバックをされることがたびたびあります。トラブルを起こして注意されることもあるでしょう。そんなとき、受け手が聴く準備をすることでその後の会話が活かされていきます。伝える側はこの配慮も心がけましょう。

メッセージを送ることで、受け手に「大事なことなんだな。ちゃんと聞かなくちゃ」「よし、聞くぞ」「ドキドキするけど、相手も真剣に話してくれているから、私もそれに応えよう」「成長のために、アドバイスをもらうんだ！」と思ってもらえると、レセプタが開かれ始めたことになります。

レセプタが閉じた状態では，優れた言語能力を発揮しても相手には届きません。まずは相手のレセプタが開いているかどうか確認をすること，開いていなければ，開くような手続きをとる。この手続きこそ「レセプタを開く」スキルです。

①「レセプタを開く」というスキルについて思ったことを書いてください

②どうすれば，相手のレセプタが開かれてるか，いないか，を見極めることができますか？

③あなたが過去，レセプタを開かなかった例と，開いてもらえなかった例を具体的に挙げてください。

	【開かなかった例】	【開いてもらえなかった例】
いつ		
どこで		
どのような状況		
	なぜ，開かなかったのか	なぜ，開いてもらえなかったのか

④レセプタを開いてもらうような台詞を考えてみましょう

社会的属性が自分より上位の人に対して：

先輩に対して：

同僚に対して：

後輩に対して：

書いたらメンバーの人とシェアして，気づいたことはメモしましょう。

_____
_____
_____

09-03　伝えるスキル：敬語

❶ コンピテンスとしての敬語

本章の初めで解説したコンピテンスの代表的なものとして「**敬語**」があります。ビジネスの中ではこの敬語をよく理解して使いこなすことも大切です。また敬語は日本独自のものとは限りません。多くの国に相手によって，場所によって，言葉を使い分ける習慣があります。

Case Study 27

最近では小学生から習い始める英語にも敬語にあたる表現は存在しており，上司に対して単語だけで話しかけていては無作法だと思われ相手を怒らせかねません。たとえば，would, should, might, could などはていねいな表現で，コーヒーが欲しいとき，家では，"Coffee" という単語ですむでしょうが，カフェに行くと "Coffee, please." と注文しますし，初めてうかがった上司のお宅で奥さまからコーヒーにするかジュースにするか（Would you like coffee or juice?）と尋ねられたら，"Coffee, please." というのはおすすめできません。"I would like a cup of coffee." といった表現が適しているでしょう。このように，敬語は，相手により，場所により，適切に使い分けようと考えている万国共通のコミュニケーションの1つで，「心の表れ」だと思います。

余談ですが，私の地元の広島県呉市にも方言の敬語があり，「行っちゃったです」（行かれました），「しっとってんないです」（ご存知ではないです），「食べよってです」（召し上がっています）などがあります。

敬語はその名のとおり「敬意を表する」言葉なので，気持ちがそこになければ相手に届くものではありません。うわべをつくろって形式を整えただけの慇懃無礼な言葉遊びにならないように気をつけましょう。敬語を使うときには「相手を敬う気持ちを忘れてはいないだろうか」とひと呼吸おいて考えてみるのもよいと思います。

❷ 敬語の種類

では，ここで3つのタイプの敬語の種類を紹介します。順番にみていきましょう。

☐ 尊敬語
お客様や上司，先輩など目上や外部の方に対して用いる言葉で，主語を相手におく
☐ 謙譲語
お客様や上司，先輩など目上や外部の方に対して用いる言葉で，主語を自分におく
☐ 丁寧語
基礎ともいえるもので，「丁寧語」と「美化語」がある

◉ 2-1　尊敬語：「あなたは」＋「動詞（尊敬語）」

尊敬語は，自分と相手を並べたとき，相手を持ち上げることにより敬意を表す言葉です。したがって動くのは相手になりますので，言葉にすると主語は「あなたは（2人称）」から始まります。相手を立てて，顧客や上司，先輩など目上や外部の方に対して用います。用いる言葉の規則としては，以下の表を参考にしてください。

	慣用的表現を用いる	「なさる」「ご存知」「召し上がる」「おっしゃる」「いただく」など	
尊敬語	「お」or「ご」	「お」or「ご」＋（動詞）＋になる	「お越しになる」「ご覧になる」など
	れる・られる	（動詞）＋れる（られる）	「来られる」「与えられる」など

使用例：「部長がお使いになるのは，この書類です」「お客さまはどちらをご要望でしょうか」など

それでは，使用例を参考にして，次のような状況を想定して尊敬語を使ってみましょう。

① 上司である課長が事前に注意をしてくれたおかげで大きな事件にならずにすんだので，課長にお礼を言う。

来店したお客さんが，どのまんじゅうを買おうか迷っているようだ。私は店員なので声をかけてみよう。そして，お客さんの要望を聞こう。

②

◉ 2-2　謙譲語：「私は」＋「動詞（謙譲語）」

　謙譲語は，自分と相手を並べたとき，自分を低くすることにより相手に敬意を表す言葉です。したがって動くのは自分になるため，言葉にすると主語は「私は」から始まります。自分がへりくだって顧客や上司，先輩など目上や外部の人に対して用いる言葉です。用いる言葉の規則としては，以下の表を参考にしてください。

	慣用的表現を用いる	「参る」「申す」「伺う」「頂く」「拝見する」など	
謙譲語	「お」or「ご」	「お」or「ご」＋（動詞）＋ 致す 「お」or「ご」＋（相手の動詞）＋頂く	お会い致す お伺い申し上げる
	させて頂く 差し上げる	（動詞）＋ させて頂く （動詞）＋ 差し上げる	おいとまさせて頂く ご連絡を差し上げる

使用例：「わたしが駅までお見送り申し上げます」「わたしはお客様にこちらをおすすめしたいと思っております」など。

　それでは，使用例を参考にして，以下のシチュエーションで謙譲語を作ってみましょう。

①
> 先方（取引先）に謝罪に行かなくてはならないので，そのためのアポイントメントの電話をします。電話口に出た相手にその旨を伝える台詞を書いてください。

②
> 赤いまんじゅうよりも白いまんじゅうの方が用途が広いので，来店したお客さんに白いまんじゅうを勧めてみよう。

● 2-3　丁寧語：単語だけでは終わらせない「——です」を使おう

　丁寧語も，尊敬語と同じように自分と相手を並べたとき，相手を高くすることにより相手に敬意を表す言葉です。しかし，用い方の規則は柔軟なので，敬語を学ぶ第一歩としては丁寧語から始めるとよいでしょう。尊敬語や謙譲語がうまく使いこなせなくても，まずは最低限必要といわれるソーシャルスキルの基本となるマナー言葉です。相手を立てて用いる言葉ですが，文章の構成は簡易で簡便です。丁寧語には**丁重語**と**美化語**の２種類があります。用いる言葉の規則としては，以下の表を参考にしてください。

丁寧語	丁重語	「です」「ます」 「ございます」	雨です　　これは会社の備品です おはようございます
	美化語	「お」＋（名詞） 「ご」＋（名詞）	お食事　　お言葉　　お気持ち ご案内　　ご伝言　　ご来社

使用例：「飲みたかったのは，コーヒーです」「お気持ちは理解できます」など

それでは，使用例を参考にして，以下のシチュエーションで丁寧語を作ってみましょう。

① キャリア入社で初出勤の人が隣の席に座りました。あなたの名前を名乗り自己紹介しましょう。

② 来店したお客さんが中学生らしき子どもさんを連れていましたので，子どもさんの好みをきいてみようと思います。赤いまんじゅうと白いまんじゅう，どちらがいいか？を。

❸ 敬語の留意点

　以上が敬語になります。この敬語の理解を深めてコンピテンスを充実させてパフォーマンスとともにコミュニケーションをしていきましょう。ここでは，**敬語のまとめ**として留意点を4つ記します。

◉ 3-1　正しく使うこと・気持ちが含まれていること

　コンピテンスは正しく使えているかがとても大事です。ですから敬語が正しく使えることはもちろんですが，相手を敬う気持ちがなかったり，非言語コミュニケーションがなかったりなど，パフォーマンスが同時に行われていない場合，相手には届きにくく敬語の意味をなしません。大げさなのも考えものですが，礼を尽くすという意味でも心を込めて心を表すものとして日本文化をもつ私たちが大事に使っていきたい言葉です。

◉ 3-2　二重敬語を使わない

　敬語に慣れていないときによくやってしまいがちなのが二重敬語の使用です。二重敬語というのは，1つの動作表現に2つの敬語を重ねて使うことをいいます。正しい日本語の使い方ではないので，使わないように気をつけます。

正しい敬語	使えない二重敬語
社長がお帰りです	社長がお帰りになられます
コーヒーをご希望です	コーヒーをご希望になられています
この絵をご覧になります	この絵をご覧になられます
お客様がお困りです	お客様がお困りになられていらっしゃいます。

● 3-3 「ご」や「お」をつけるときには規則がある

　美化語として，ご飯，お琴など名詞に「ご」や「お」をつけることがありますが，つけることができない名詞があります。外来語，公共物，固有名詞，自然現象などにはつけません。よく耳にする「おトイレ」というのも間違いで「お化粧室」「お手洗い」と表現します。国会議事堂も「お国会議事堂」といいませんし，東京を「お東京」というと，まるで別のもののように聞こえます。台風も「お台風」とはいいません。

● 3-4 「新サービス用語」の台頭

　小売店でよく耳にする言葉に驚きの疑似敬語があります。私は個人的には新サービス用語などと呼んで揶揄していますが，明らかに敬語ではありませんので注意してください。

新サービス用語（似非敬語）	その理由と正しい使い方
1000円からお預かりしました	どこから？　なにから？　どうして「から」？　そして今のことが過去形？　銀行でもないのにお金を預かる？ ○「1000円頂戴します」
サンドイッチは2つでよろしかったですか？	過去形？　よろしい？ ○「サンドイッチを2つご注文ですか」
こちら，ご注文のカツ丼になります。	カツ丼になる？　変身か！？ ○「お待たせ致しました。ご注文のカツ丼です」

10 領域3：伝えること②
説明・リクエスト

10-01　伝えるスキル：説明

❶ 説明する力

　仕事の中で，相手に説明をしなければならない場面はよく訪れます。そして，その時の状況に応じて必要な内容を盛り込んだ**説明力**（interpretability）が求められます。しかし，意外に「うまく系統立てた話をするのは苦手」という声を多く聞きます。特に公式の場において，相手が複数である場合には，難しさが増すようです。本節では，相手がより理解しやすい説明の仕方を習得しましょう。

　相手が求めるあるいは自分が伝えたい内容を端的に盛り込んで，なおかつ相手に理解してもらえるよう言語化することは，組織の中のコミュニケーションでも最重要スキルといえるかもしれません。説明力の高い人は，それだけで「デキる人！」と印象づけられることが多いのです。

　まずは，説明をするときに重点をおくべきことを考えます。それは**相手の立場に立とうと心がけること**です。これまで何度も話してきましたが，送り手（話し手）と受け手（聴き手）の決定的な違いは立場です。本書ではこれを「**世界**」と呼び，人生観や価値観，職業観や恋愛観などを挙げて説明してきました。ビジネスではさらに上司という立場，部下という立場，最高責任者という立場，お客様への立場，組織人としての立場，などが出てきます。利害関係で成り立つビジネスの世界では，相手の立場に立つことを心がけてコミュニケーションをとりながら，互いの差異を明確にし，相違を認めあった上で利害調整をはかっていかなければなりません。ですから，相手の立場になったつもりで説明をすることを心がけましょう。そうすることで話がスムーズにすすみやすくなります。

❷ 7つのチェック項目

　まずは，次頁の表に大きく7つの項目を挙げました。ここで自己チェックをしてみましょう。

	自分の立場だけを考えた場合	留意点	心がけ	相手の立場を考慮するポイント
1	一方的な言い分や内容になる	互いに世界が違う	互いに違うということを前提に話をする	自分とは違う意見もあることを考慮した内容にする
2	自分の話ばかりで，自分本位なスタイルになる	話し手と聴き手で時間の感覚が違う	短く話す。自分が思っている以上に相手は自分の話を長いと感じている	相手と同じチャンネルにいるかどうかに配慮しながら話す 相手に質問をしてみる
3	小さな声でもそもそ話したり，大きすぎる声で話す	声の大きさに配慮する	状況や環境，内容に応じた声の大きさを考える	聴き手が聴きやすい話の大きさを考える，あるいは確認する
4	自分の好みのペースで話す	話の速度を考える 速いと聞き取りにくく，遅いと相手が聴いてくれなくなる	相手にとってどの速さが適切かを考慮するペーシングを心がけ，相手と速さを合わせる	遅すぎもせず，速すぎもせず（1分間に300文字）
5	結論がなかなか出ない 話しながら結論を出そうとする	時間は有限である 相手は自分の話をきくことで時間を奪われることを意識する	簡潔明瞭を心がける	事前に話の展開の構成をする 言いたいことを整理する 結論あるいはお題を先に示してから具体的な話に入る
6	思いつくまま話す ポイントがない	同上	同上	事前に話したいことを整理しポイントを押さえてから，話をする 話の要点を1つにしぼる
7	抑揚がない平板な話	抑揚のない話は，相手を退屈させる	話にストーリー性をもたせる	メリハリがある話し方事例を引用したり，自分の思いを話す

1） 次頁の表の中のAに主観でかまいませんので，ふだんの自分の傾向に該当する項目に○を入れてください。自分の名前を書いておきます。
2） Aに記入がすんだら，メンバーの名前をそれぞれB，C，D，Eに記入してください。
3） この紙をメンバーに順にまわして，メンバーからみた私に該当する項目に○を入れてもらってください。また他のメンバーの表にも記入してください。これまでシェアをしたり，実習をしてきたのでコミュニケーションをとってきていると思います。それらを思い出しながら，Aさんについて記入します。
4） 自分のところに戻ってきたら，表を見て感想を書いてください。

_____
_____
_____
_____
_____

項　目	A 該当すれば○	B 該当すれば○	C 該当すれば○	D 該当すれば○	E 該当すれば○
名　前					
1　一度に多くのことを伝えようとする					
2　話す前に話したいことを整理する習慣がない					
3　何を話したいのかよくわかっていない					
4　思いつくままに話している					
5　つい早口になる・あるいは遅すぎる					
6　声が小さい，あるいは大きすぎる					
7　相手が理解したかよりも，ちゃんと話せたかの方が気になる					
8　話しているとき，相手（聴き手）の様子に注目しない					
9　話しているとき，相手（聴き手）の様子がとても気になり婉曲的に話す					
10　自分の話に，自分で突っ込み，自分でウケて笑っている					
11　相手から「何が言いたいの？」と聞かれることが比較的ある					
12　自分の話ばかりする					
13　前置きが長い					
14　とにかく話が長い・句点（。）が，ない					

5）メンバーと感想をシェアしましょう。この項目ですが，チェック項目が多いほど自分本位で話をする傾向が多いと考えられます。○が多くついている項目については意識して取り組んでいきましょう。全項目に対して，以下のような対策があります。

- ■ 話したい内容について，十分に事前に理解をしてから話す
- ■ コミュニケーションの理解を深める
- ■ 相手が聞き取りやすいコミュニケーションスキルを身につける
- ■ 事前準備ができる状態であれば十二分に準備をする
- ■ 話を組み立てる構成力を身につける

❸ 話すスピード

◉ 3-1　話の長さの感覚が違う

　聴き手と話し手の思考の速度については，すでにふれました（☞61頁）。思考の速度の差が大きければ，話し手と聴き手の時間感覚にも大きな差が表れるはずです。つまり聴き手は，話し手よりも時間をより長く感じることでしょう。もちろん，これは話し手が一方的に説明をし続ける状況を想定しています。たとえば，上司の長い説明，部下の長い報告，同僚の長い引き継ぎの話，営業マンの長い商品説明などなど——結論からいえば，話は短い方がよい。この一言につきます。つねにこのことを念頭において訓練してみましょう。これが説明力向上の第一歩です。

◉ 3-2　話の速さ

　話すスピードの目安は1分間で300字程度です。1秒では5字ほどでしょうか。多くの人はこれより速いか，これより遅くなります。ニュースを読むアナウンサーの話すスピードをイメージしてみてください。

1分間で完了する話	1分間に300文字強ほど（350文字を超すと速い）
3分以上話す場合	話のメリハリを考慮して1分間に350文字程度までに増やしてもよい

　これより速い場合は，聴き手は「早口だなぁ」と感じます。聴き手に「速いなぁ」と感じさせることは得策ではありません。なぜなら，相手は話に集中できておらず，速さだけを意識してしまうからです。あまりに速い場合は，聞き漏らしも出てきます。商談で話の内容に聞き漏らしがあったり，夢中になってもらえないということは，たいへん不利な状況です。

　遅い場合も，よい効果は期待できません。遅いことに気がとられるだけではなく，適度な緊張がほどけてしまい相手は注意が散漫になるからです。そうでなくても聴き手の思考の速度の方がずっと速いのです。相手はコミュニケーションをとることに苦痛を感じるかもしれません。では，次の頁のチャレンジ問題を，1分間で読めるように練習をしてみましょう。2人1組のペアになってキッチンタイマーなどを使って，時間を計りあうことをおすすめします。

■ 説明するときに大事なこと　①速さは1分300文字強

■チャレンジ（1分間）：およそ300文字

○例文1
　今日のできごとです。セミナー中に，受講者の方から飴を頂戴しました。セミナー開始から終了までの間に，5回もいただきました。どうやら喉の調子の悪い私を気遣ってくださったようです。ところで，私はお返しに何も差し上げるものがなく困ってしまいました。飴をもらうたびに高価な贈り物を頂戴した気分になって，お返ししなければならない気持ちにかられたのです。何もなくて困った私は，とうとうもっていた4000円相当の栄養ドリンクを，涙をのんで差し上げました。
　社会心理学者チャルディーニ（1991）が提唱したチャルディーニの法則の中に「反報性（はんぽうせい）」が挙げられていますが，「まさしく，このことだなぁ！」と，ためいきが漏れました。反報性というのは，人から何らかの施しを受けると，お返しに何かをしなければならないという心理のことです。これは，私が交渉に弱いことを証明する一件でもありました。

○例文2
　その記事は，地元で起こった介護施設の火災で入所者が死亡した事件に関連して，介護職に就く人たちの心的および身体的負荷の大きさについて取材した記事でした。「夜勤と日勤が目まぐるしく変わる勤務形態や力仕事は大きな負担になる。研修の場などで同業者と話し合うのがストレス発散になるという」というものでした。人の行動は「入力」「処理」「出力」の3つの過程に集約されるともいいますが，とかく現代は，辛いことや悲しいこと，楽しいことなどの経験という「入力」されたものを，どう受け止めるかといった「処理」や，誰かに話すとか行動を変えていくなどの「出力」の過程が，うまく作動していないように思います。
　「話し合うのがストレス発散」は，まさに出力により健全な処理作業が行われる過程であり，そういった場はひんぱんにあることが望ましいと思いました。

　カウントアップタイマーを使って，何秒で読み上げられるかチャレンジしましょう。5～6度くりかえして，調整していくとだいたい1分間で読み上げられるようになります。

Case Study 28

　筆者は以前は講演の仕事もしていました。講演では研修よりも多くの人の前で話をするので，とても緊張します。緊張すると話すスピードが速くなります。スピードは緊張が解けるまで速いままです。緊張が解けないままだと最後まで早口ということになります。速いと聴衆は聞きづらいと感じ，ずっと早口だと最後まで聞きづらいということになります。
　自分の話が終わって，司会の方が丁寧な語り口で会を締める言葉を述べたとき，私と司会者の話のスピードの差が会場内で明白になり，すっかり落ち込みました。用意周到に原稿を用意していても本番でスピーチのスピードを調整できなければ，聞き手に言葉を届けられないと思いました。

❹ 1分程度の長さの話を構成する

　今度は，1分程度の長さの話を構成するときの構成法を3つ紹介します。まず，1分間で話をするときのポイントを整理してみます。ここでの練習は，最初から完全にマスターしようとせず，1分間で話し終えることができるようにすることを目標に始めてみましょ

う。キッチンタイマーなどを使って，55秒でアラームをならし，話が途中でも「途中ですが，以上になります。ご清聴ありがとうございました……」と強引に終わりを宣言します。最初はこれから始めてください。そのうち時間の感覚もとれてきます。重要な注意点について以下にまとめています。

1	1分間の話の構成は5〜10秒➡40〜50秒➡5〜10秒が基本になります。場面によって，前段と後段を短くし真ん中を長くするなどの調整を行います。
2	より多くのことを相手に伝えたい気持ちになることもありますが，「一時に一事」を肝に銘じておきましょう。話したい誘惑に勝つこと，詳細に話さなければならないという思い込みは手放すことが重要です。説明がもっと必要であった場合は相手が質問をしてくれますし，そうでなければ話を進めていくうちに説明不足の部分が露呈します。いずれにしても一度で会話を終了せずに数度のやり取りをへて，最後に食い違いがないか確認をすることが大切です。これは，3章ですでにお話ししてあります。1回の話で内容を二転三転させると時間がどんどん長くなります。1分構成では，複数の言いたいことがあっても1つに絞って，やり取りへと発展させましょう。
3	特に，意見を言うとき，説明をするときは結論先行型で話を始めます。結論が後になると，話を聴いている相手は「果たして何が言いたいのだろう？」と不安になり集中できなくなります。
4	限られた時間では言葉のくせに気をつけて時間を無駄に使わないようにします。以前研修でこのトレーニングをしたとき，「え〜」の連発しすぎたため「え〜」でほぼ1分を費やした人がいて私は本当にびっくりしました。また，「要するに」「すなわち」と言いながら，要せずに話を次々と展開した人もいましたし，言い換えずに同じことを繰り返して時間オーバーになる人もいました。短い時間で話すときこそ，日頃のくせがよく見えてきます。くせを知っておきましょう。

● 4-1　サンドイッチ構成法

朝礼や突然頼まれた会合でのあいさつ，日常の会話などで使えます。

構成は「はじめに」「おはなし」「おわりに」の3つです。
間にお話が挟まっているのでサンドイッチです。はじめと終わりはパンなので同じでかまいません。すなわち，

はじめに (5〜10秒)	おはようございます。今日の朝礼スピーチ当番の平澤知穂です。今日はよいお天気ですね。
内容 (40〜50秒)	今日から10月。期も後期に入りました。 前期での反省点を活かして後期でよい結果を出したいと思います。特に前期の反省でぜひ取り組みたいことは，スケジュール管理です。今回期末にふりかえったときに，「目の前の緊急度が高い仕事を優先するパターン」に気づいたので，ぜひそれを改善して，スケジュールに追われたり仕事に追われたりすることなく，仕事を進めスケジュールを管理するようになりたいです。
おわりに (5〜10秒)	以上です。ご清聴ありがとうございました。 後期もはりきって参りましょう。平澤でした。

10 領域3：伝えること② 説明・リクエスト

まず1つ目は，朝礼などのスピーチや，簡単な挨拶などで使える方法です。とにかく，「はじめに」と「おわりに」で挟むこと——本当に簡単なのでぜひ使ってみてください。

朝の一分間スピーチをサンドイッチ構成法で作成してみましょう

はじめに （5～10秒）	
内容 （40～50秒）	
おわりに （5～10秒）	

書いたら読み合わせて時間を計ってみましょう。速さにも気をつけましょう。

● 4-2 三部構成法

上司への報告，同僚と情報交換，他部署との相談など，報連相全般で使えます。

構成は「お題」「内容」「結び」の3つです。
最初に何について話すのかを示してから，内容に入ります。いきなり内容から報告を始めても上司はとまどいます。報連相はお題から，これは基本です。そして最後に結論や意見でまとめます。

お題の提示 （5～10秒）	こんにちは。平澤知穂です。 今日は昨日の新聞記事から印象深かった内容について話をさせていただきます。
内容 （40～50秒）	その記事は，隣町で起こった火災で入所者が死亡した事件に関連して，介護職につく人たちの心的および身体的負荷の大きさについて取材した記事でした。 「夜勤と日勤が目まぐるしく変わる勤務形態や力仕事は大きな負担になる。研修の場などで同業者と話し合うのがストレス発散になるという」というものです。 とかく現代は，つらいことや悲しいこと，楽しいことなどの経験を，受け止めたり，誰かに話したりの過程が，うまく作動していないように思います。

おわりに (5〜10秒)	「話し合うのがストレス発散」というのは，まさにアウトプットにより健全な内的処理作業が行われる過程で，そういった場はひんぱんにあることが望ましいと思いました。以上になります。

　この方法は，間の40秒〜50秒の内容を事前にしぼっておくとよいでしょう。注意したいことは必ず最初に「何について話をするのか」を明示すること，そして，その内容について話を展開し，必ず最後は，何らかの結びをもってきましょう。そこで，お題に対してもっともいいたいことをまとめます。話したら相手に渡し，戻ってきたらまた1分間話をすることを繰り返します。

　■接客のマナーについて自分が思うことを，三部構成法で作成してみましょう。

お題の提示 (5〜10秒)	
内容 (40〜50秒)	
おわりに (5〜10秒)	

　サンドイッチ法と同じく，1分間で話し終えることができるようにすることを目的に，訓練を開始してみましょう。よく行くコンビニ，よく行くブティック，よく行く本屋，などを想定してみるとよいでしょう。
　書いたら読み合わせて時間を計ってみましょう。速さにも気をつけましょう。

● 4-3　トライアド構成法

会議などで意見を言うときや，相手に説明をするときに使えます。	
構成は「結論（主張）」「内容」「事例や事実・データ・理由の提示」「結論（主張）」の4つです。 「結論」を述べた後，「具体的内容」に進み，それを根拠づける「実例・事実」などを提示して，「結論」に戻ります。 「結論」からスタートして，次の点（内容）そして次の点（事例）を通過して結論に戻るので，トライアド構成法といいます。事例の提示と結論に戻るのが特徴です。	
結論の提示 （5～10秒）	この窓口で申し上げることができるのは，専門の医師に直接お聞きいただきたいということです。
内容 （40～50秒） 主な内容 ↓ 事実など	（主な内容） あなたがいまご質問されたことは，法的にも医師にしか判断できない内容です。さらに，この窓口では書類申請を受け付ける作業のみが許されており，ご相談等の案件につきましては，専門家である医師に判断してもらうようご案内をさせていただいております。 （事実など） それはお客様の安全を第一に考えてのことで，ルール化されているので規定外の対応をすることができないのです。
結論に戻る （5～10秒）	ご足労いただきましたのに恐縮ですが，直接かかりつけの医師にご相談なさるか，毎週，水曜日にこの窓口に相談受付医師がまいりますので，水曜日に再度お越しいただけますか。

　トライアド構成法は上のように4つの展開過程を踏みます。1➡2➡3➡1という流れです。「結論から始まり，結論で終わる」という言葉を聞いたことがあると思いますが，トライアド構成法のことです。ここでは，事例や実際のできごと，あるいは具体的な理由が述べられますので，内容を補強する形になり相手が理解をすることを促します。

■最近，新聞で話題になったことを取り上げて，そのことについて自分の見解を，トライアド構成法で作成してみましょう。

結論の提示 （5～10秒）	

内容 (40〜50秒) 主な内容 ↓ 事例など	
結論に戻る (5〜10秒)	

書いたら読み合わせて時間を計ってみましょう。速さにも気をつけましょう。

■ 説明するときに大事なこと　②構成を工夫しよう

❺ 3分程度の長さの話を構成する

　それでは，ちょっと高度な3分程度の説明についてもふれておきます。1分構成の場合と比べて，3分構成の方がより具体的に話を展開することができます。会議やプレゼンテーションでは，どうしても少し長めの説明が必要になることがあります。そんな必要を感じたときに使ってください。

● 5-1　3分間の話をするときの基本の流れ

　3分は聴衆側にとっては意外に長く感じられるので，工夫が必要になってきます。

　話の流れのつくり方は，質問のときと同じく大きなかたまり（文章では「大項目」）をほぐして，中間のかたまりを提示（「中項目」），小さなかたまり（小項目）へと話を具体化していきます。これは基本の流れです。大きなかたまりばかりを提示しても具体性がみえず話が

深まりませんし，小さいかたまりばかりを話しても話の全体像がみえず時間だけが過ぎてしまうことがあります。ビジネスは期限のあるものです。限りある時間の中である一定の結果を出さなければならない以上，効率を高める工夫を随所でしていきたいものです。

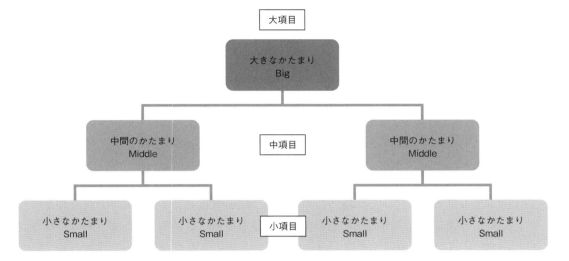

● 5-2　3分間ほどの話をするときに活用できる工夫のスキル

　ナンバリング法，ラベリング法，AREA法という3種類を紹介します。ナンバリング法は話に番号をふること，ラベリング法は項目を示すこと，ナンバリング法とラベリング法を併用し，目次のように相手に伝えたいことを示すことができます。AREA法は，もっとも主張したい大切なことを先に述べて，それについて話を展開するというやり方です。

■ナンバリング法・ラベリング法

ナンバリング（番号表示）とラベリング（項目表示）を提示すること

例）　「これから検討したいのは，大きく分けて2つです。1つは予算についてで，2つ目は企画内容の検討です」。

効果）　最初に目次として項目を示すと，聴き手に全体像がわかり，理解しやすくなります。このように目次化することをナンバリング・ラベリング（NL）法といいます。／事前に全体像がわかります（目次の効果）／聴き手がメモを取りやすくなります。

■AREA法（エリア法）

主張➡理由➡物証・論証・実例➡主張

　これらの方法を織り交ぜながら，大きなかたまりから小さなかたまりへと話を展開します。たとえば，次頁の図のように①大きなかたまり⇒②中間のかたまり1⇒2⇒③小さなかたまり1⇒④小さなたかたり2⇒⑤中間のかたまり2⇒⑥小さなかたまり1⇒⑦小さなかたまり2　……

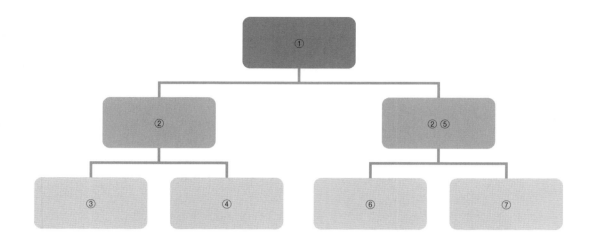

【レッスン】私が感じている人間関係の問題について挙げて，それに関する自分の見解を，第三者に3分説明できるように作成してみましょう。かたまりをほぐしていくスタイルで，ナンバリング法，ラベリング法とAREA法を活かして，説明文を考えてみましょう。

書いたら読み合わせて時間を計ってみましょう。速さにも気をつけましょう。
　そして，内容がわかりやすかったかをフィードバック（感じたことを伝えてもらう）をもらい，もらったフィードバックをメモしておきましょう。

※フィードバックをメモ

■説明するときに大事なこと　③納得してもらえること，そのために，明快で明解で，目的や理由などの背景も示されていること

Column 9　考えがまとまらないとき

言いたいことがたくさん合って考えがまとまらないときや，思いが漠然として整理ができないことがあります。そんなときのために，考えを整理する方法を紹介します。

①言いたいことが抽象的な場合　言いたいことが抽象的な場合は，大きなかたまりの状態なのでほぐしていきます。こういうときには可視化（図形にしたり表にしたりチャート化するなどすること）していきます。

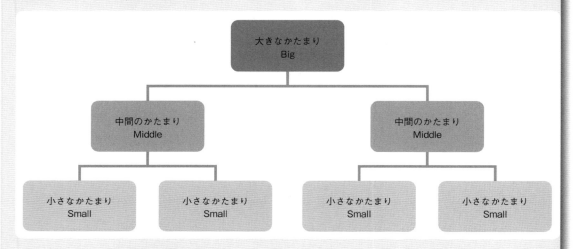

上記の図のように大きなかたまりから線を引いて小さくしていってもよいですし，中心に1つだけキーワードを書いて丸で囲み，それに関連することをどんどん紙面上に書き足して線で関連づけてもよいです。

②言いたいことが細かくてバラバラに感じられるとき　言いたいことが複数あり，それぞれに具体的な関連性を見出しにくい場合，言いたいことをすべてカードなどに書き出し，全部書き出した後に好きなカテゴリーでグルーピングし，自分でわかるようなグループ名をつけます。最後に，全部のグループを総称する言葉を当てはめて，それをお題にしてみましょう。

❻ 1人でできる・仲間とできるエクササイズ

話に慣れるためのエクササイズを準備してみました。ぜひ，挑戦してみてください。

■シナリオ書き：シナリオをかいてみること

書いてみることは説明力向上に大きく貢献します。書いた後，自分で読む様子をビデオで撮って再生してみると改善点が明確にわかります。説明するときの，非言語表現の活用の改善にもつながり，スキルがグンとあがります。

効果：文章構成力の向上・思考の整理・自己スキルの修正・本番力の向上

■新聞読み：新聞の300文字を1分で読むトレーニング

毎日，300字程度を1分で読むトレーニングです。1分ですし，どこを読んでも良いので気軽に継続できます。この方法で時事問題を頭に入れることもできます。

効果：話すスピードや声の大きさの調整が自分でできるようになってくる

■外郎売り：外郎売りをよむ　ただし早口にならないように！

「外郎売り」という滑舌練習によく用いられる複雑に感じられる音がたびたび登場する物語があります。これはネットで検索すると出てきますので，何度も読み込んでみてください。私はこれを毎日30分続けました。抜群の効果をえました。しかし，止めて20年経った今は……。継続は力なりです。

【効果】滑舌がよくなる

■滑舌棒：棒を口に挟み，本や新聞を読む

割り箸などの棒を口にくわえて本を読みます。私の場合は，50音を5分間ひたすら繰り返していきます。誰かに目撃されると笑いのネタになりますし，よだれが出るので気をつけてください。即効的に効果を出したいときに特に有効です。しかし，これも継続しなければ1時間後には元に戻っています。

【効果】すぐに滑舌がよくなる

■ウハウハ体操：口をしっかり開きながら「ウハウハ」と繰り返す
■あいうべ体操：口を大きく動かし顔もくしゃくしゃにしながら「あ」「い」「う」「べ～」と大きな声で言う

「ウハウハ」は繰り返し，「あいうべ」は1音に3～5秒かけます。

【効果】1音ずつしっかり発音できるようになる・口元の表情が豊かになる。

■ロングブレス，ピラティス：いずれもインナーマッスルを鍛える呼吸法。

インナーマッスルを鍛え，腹式呼吸をしてみましょう。しっかりした声が出せるようになります。すぐには効果が期待できませんが，1ヶ月経った頃から変化に気づき始めます。

【効果】しっかりした（ハキハキした）声を出しやすくなる

■あべこべディベート：あるテーマでディベートをするが，自分の主張と違う方の立場で主張をする

主張力もつきますし，論理展開ができます。これには事前準備が必要になりますし，自分の主張と違う立場で主張しようと思うと，準備の段階で違う立場の見方が取り入れられ，視点が広がります。複眼的に物事を見る目が養われます。

【効果】違う視点に気づく・複眼的思考をもつ・相手の立場に立つことについて理解が深まる

さて，ここで一度中休憩です。**説明力について現場での活用を考えてみましょう。** 記入がすんだら，隣の人とシェアしてお互いに結果を報告しあいましょう。

---

①説明力の学習と演習をしてみて「私」が苦手だったなと思ったことは何ですか？

---

②なぜ，私はそれが苦手なのだと思いますか？

---

③私が今後，取り組もう（取り組みたい・ブラッシュアップしたい）と思うのは何ですか？

---

④特に「こういう場面」「こういう状況のとき」に意識してやってみよう，などの「とき」や「場合」の設定はありますか？（無ければとばしてください）

⑤この取り組みを続けてみることで，あなたは何を得ることができますか？ あるいは，どんな成長をすると思い描くことができますか？

⑥この取り組みをしばらく継続してチャレンジするために，何か「仕組み」のようなものは必要ですか？ 必要であれば，それはどのような仕組みでしょうか？

⑦この結果は，どんなことで測ることができますか？ 第三者でも，結果（成果や変化）を出したことを認識できる基準のようなものはありますか？

⑧この取り組みをいつからいつまでやってみますか？ 日にちを書いてください。

> **Column 10**　伝えるスキル　事前準備：相手にわかりやすく伝えるために
>
> うまく説明できるかどうかは，事前準備がどれだけできているかにかかっています。しっかりできていれば，本番の説明ではうまくいく可能性がぐんと高くなりますし，事前に整理できていなければうまくいく可能性は低くなります。うまくいかないと嘆いている人の多くが，事前の準備をおろそかにしていることをご存知でしょうか。
>
> 世の中にはもともと説明能力が優れている人がいるのも確かでしょうが，多くの人が「私は説明するのが下手」「人前で話すなんてとてもとても」と自己評価を低く捉えています。ところで，自己評価が低いことが問題ではありません。それが言い訳として通用している，通用していると思っていることが問題ではないでしょうか。
>
> 自己調整機能が高い人は，自分の説明能力が低いと評価をして終わるということはありません。説明力が低いと考えれば，それを高めるために自分が学ぶべきことを心得てさまざまな調整（一般的にいう努力）を開始します。このように現状を打破しようと事前準備や話し方の練習を地道に積んだ人が，めきめきと説明術の達人になっています。
>
> もっとも危険なのが「なんとかなるさ」です。
>
> 本番を控えて「十分に準備はしたのだから，あとは何とかなる」という心理的リラックスは好ましいと思いますが，「なんとかなるさ」と準備を怠るのがもっとも危険です。このような人が1人いると，交渉の場で時間が無駄に過ぎてしまうことがあります。
>
> 苦手であればこそなおさら，初めてだからこそなおさら，慣れているならなおさら，事前準備はしっかりと進めてから本番を迎えることをお勧めします。
>
> 事前準備で必要なこと
> ■テーマについてよく理解しておくこと
> ■テーマについての自身の考えを複眼的にみて整理しておくこと
> ■テーマについての相手の立場だったらどのように考えるかを見積もっておくこと
> ■関連情報を調べ，不明瞭の部分は解決しておくこと
> ■相手について（個人・団体・置かれている状況・メンバー構成などなど）の情報を得ること

10-02　伝えるスキル：リクエスト

❶ リクエストとは

　リクエストは，頼む・懇願するなどと和訳で出てきますが，組織の中のコミュニケーションでは，**要請する**という意味で使います。相手に強く求めることで，発する側が強い熱意をもって相手に「するか」「しないか」を求め，決意を問うものです。これを受け，受け手は事柄の大切さを改めて感じることができます。

10　領域3：伝えること② 説明・リクエスト

日本人の中にはこれを苦手とする人が多いようですが，ビジネスの中では相手にはっきりと決意をしてもらうことで成り立つことが多くあります。また，言いにくいことを伝えるのを延ばしのばしにしているうちに，トラブルとなって浮上することもあります。

Case Study 29

私は「期日を守って欲しい」と言えずにいました。数回に一度は期日を過ぎてデータが届くので，その都度，期日を基準に組んだ自分のスケジュールを変更しなければならず，他の仕事にしわ寄せもきます。相手もすまないと思ったのか，期日の24時前にデータを送ってくることがありました。頻回の遅延をリスクと捉えて，期日を早めに設定するようにしました。3日程度早めましたが，3日の猶予があることは向こう様も承知の上で効果はありません。
そのうち期日を守って欲しい気持ちが強くなり，ストレスへと発展。ストレス対処として私は「お客様は神様だから何事も受け入れるべし。それが仕事というものだ」と思い込むようにしました。
あるとき，期日を3日過ぎて24時直前にデータが届きました。もう眠っていたのでチェックはできず，翌日は別の案件がありチェックできませんでした。その後も別の仕事と被ってしまい，とうとうそのデータを活用する当日がきました。
データはケーススタディ研修で使う実例文で，研修をすすめる役の私は無修正のデータを前に青くなったり赤くなったりしていました。心から「期日を守って欲しい」と意思表示をしなかったことを悔やみました。

ケーススタディでおわかりのように，リクエストとは，「～してほしい」「～してほしくない」と率直に相手に求めることです。
たとえば，新たにプロジェクトのリーダーを任せることも，権限を委譲してみることもこれにあてはまります。部下は，そのリクエストを受けることによって，新たな挑戦のチャンスを手にし，そこから成長が促されます。また，上司が部下からリクエストを受けることで，自分の言動をふりかえる機会を得ることができます。

Case Study 30

ある会社のお話です。ある日，「ふんぞり返って私の話を聴くのはもう止めてください」と社員が社長に言ったのだそうです。聞いてみるといつもそうなので，萎縮して話ができず，呼ばれるだけでストレスになっていたそうです。社長はそのときはじめて自分の態度に気づき，以後改めたとききました。社長によるとその社員はちゃんと社長のレセプタを開いてからリクエストをしたというから驚きです。
「社長，話は変わりますが，私がいつも気になってどうしても社長に協力してもらいたいことがあります。どうか，真面目に聞いてもらえますか」と，まず一言断りを入れたそうです。これを聞いて社長も真剣に聴かねばならない，とレセプタが開いたそうです。

いかがでしょう。組織の中のコミュニケーションにおけるリクエストの使い方や効果を理解していただけましたか？

❷ リクエストのポイント

それではここで，リクエストのポイントを書きます。

①執着しない

- リクエストの際には，自分の出したリクエストに執着しないことです。リクエストを受けるか受けないかの選択権は相手にあり，送り手には決定権がありません。
- もしも，送り手が自分の提示した内容を受け入れてもらうことが最優先であれば，命令や指示というスタイルで相手に提示しましょう。リクエストは相手が自ら選択することを促すものです。

②恐れない

- 恐れの感情から過剰な前置きを続けたり，抵抗を感じて提案に切り替えたりしないよう，留意します。要請は，予測できない相手の感情を引き起こす可能性が含まれています。たとえば，相手の拒絶や反発です。ですから，それに対する防衛反応として「要請しない」という選択をしてしまうこともあります。ですが，要請は「する」か「しない」か，のみを相手に選ばせるものです。
- 要請をするときは，次のようなことに気をつけます。
  - 必要以上の前置きを止める
  - 要請するということに挑戦する「勇気」をもつ
  - その結果起こりうる現象（拒絶や反発）に対する事前認識をもつ

❸ リクエストが適しているとき

リクエストが適しているのは次のような局面です。

①相手の真意を知りたい

- はっきりとした「……してほしい！」「……してほしくない」という要請により，相手のイエス，ノーがわかる。

②相手に大きく成長してもらいたい

- 人は周囲からの大きな要請を受けることにより，自分の計画以上のことをする動機が生まれます。そして，挑戦的な行動をとり大きくストレッチ（伸びる・成長するの意）することへとつながります。

③受け取るかどうかの意思決定が早い・着手までが早い

- サゼッション（提案する）も，リクエストと同様に選択権は相手にありますが，両者は送り手の意思の質が違います。
  - **サゼッションは，相手に伺いをたてようとする**
  - **リクエストは，相手の意を問うもの**

たとえばサゼッションのスキルよりもリクエストのスキルの方が，相手の決定が早く，リクエストを受け入れた場合には行動への着手が早いのが特徴です。視点を変えて説明すると，サゼッションは拡大型質問を用いることが多く，リクエストは特定型質問を用いることが多いのですが，特定型質問の特徴は受け手の回答にあまり時間を要さない，という特徴がありましたね。

11 領域3：伝えること③ フィードバック・承認・ゼロポジション

11-01 伝えるスキル：フィードバック

❶ フィードバックとは何か

　フィードバック（Feedback）とは，制御工学，あるいはシステム工学の用語として一般的に用いられていますが，この言葉をさまざまな領域に広めたウィーナーは第二次世界大戦中に射撃制御装置を研究していたそうです。高速で回避行動をとろうとする飛行機を高射砲で捉えるためには，その飛行進路の曲線の予測が必要になります。また彼は，高射砲の照準手や飛行機の操縦者のはたらきも数理モデルで扱う必要がありました。そうした研究の中でウィーナーたちはフィードバックという考え方の重要性に行き着いたといいます。ウィーナーは**フィードバック**について数理モデルで説明する際に，暖房の調節の例を挙げています。

> われわれが家屋の暖房の調整に使うふつうのサーモスタットがその一例である。室温を希望の温度目盛にあわせておいたとする。もし実際の室温がこれより低ければ，この装置が動作して調節弁を開くかまたは燃料の流量を増やして，室温を希望の温度まで上げる，他方もし室温が希望の温度をこえていれば，調節弁が閉じられるかあるいは燃料油の流量が少なくされるか，もしくは遮断される。このようにして室温はほとんど一定に保たれる（ウィーナー，2011）。

　これはあるシステム（部屋）の状態（室温）の情報を機械装置（暖房）に正確に戻し，状態を一定に保つ機械的で単純なフィードバックの例です。これに対し，本書ではコミュニケーションにおけるフィードバックを「フィードバッカー（フィードバックする人）の主観を率直に相手に伝えること」と定義することにします。この際にフィードバックという言葉を，「感じていることを率直に相手に伝える」といった意味で使用します。
　ここでゴルフをする人の例で考えてみましょう。ゴルフをしている人は，自分のフォームを自分で見ることはできません。他者に見えていることを伝えてもらってはじめて「ど

うすればよいのか」の情報を手に入れることができます。その相手は，コーチやキャディーだったりするでしょう。たとえば，スランプのときに，よいときの状態とスランプの現在の状態の違いをコーチからフィードバックされれば，その情報を元にしてフォームを調整することが可能です。このように<u>フィードバックは，情報を与え，考えさせ，受け手の行動を変容させることを目的として行うものです</u>。

　仕事やコミュニケーションの場においても，同様のことがいえるでしょう。自分がどういう方向に進んでいるのか，どんな姿勢でできごとに臨んでいるのかを自問自答しても，自分ではわかりにくいものです。自分だけであれこれ思案しているだけでは，一歩間違えると理屈倒れになってしまうこともあります。しかし，自分とは違う他者が自分に対して感じていることや見えていることを伝えてくれると，新しい情報が入手でき，足りない事柄を実感することになります。

　組織の中のコミュニケーションでは，送り手から見えた「事実」と「主観」を率直に伝えることが求められます。**事実**とはありのままに見えたことです。その事実は他者だから見えており，本人には見えていないかもしれないため，フィードバックが成立するのです。たとえば，「君が作成したあの根拠を示すデータの数式は，目的のものを導きだす式ではないよ」と言われると，言われた人は，その式を見直すことでしょう。

　主観とは，その人が感じたことや思ったことで，それを伝えることで相手は考えを巡らせることができます。たとえば，「あのお客さんは，あなたの説明を納得できていないように感じました」「あなたの言っていることは事実ではなく希望的憶測だと感じます」などです。これにより，受け手は，自分の言動について見直し修正をかけることができます。

❷ 2種類のフィードバック

　本書で説明するフィードバックにはポジティブ・フィードバックとネガティブ・フィードバックの2種類があります。この用語は，システム工学の分野で使われる用語の意味とは異なりますので注意してください。

◉ 2-1　ポジティブ・フィードバック

　ポジティブ・フィードバックとは，コミュニケーションの領域では，相手がポジティブに感じるフィードバックのことを指します。コミュニケーションは受け手に決定権がありますので，「相手がポジティブに感じられることが予測される」と言い換えることができるでしょう。つまり送り手が「ポジティブ・フィードバックだ！」と思っていても，相手はそうはとらないかもしれません。具体例を提示してみましょう。

- あなたの仕事に対する積極的な姿勢は，周りにいる人に活力を与えているように感じます。
- 先ほどのあなたの率直な意見で，聞いている人に新しい視点が生まれたように感じました。
- あなたの発言で，みんなが勇気づけられたように感じています。

Case Study 31

以前，私は，「あなたのメッセージにより，みんな目が覚めたように晴れ晴れとしていたように感じます」と言って失敗しました。これは，ちょっとオーバーに言い過ぎたようです。私は本気でそう思ったのですが，その人にとっては「大げさすぎて信憑性に欠ける」と感じらしく「今の言葉は，過剰な表現だと感じます」とすぐにフィードバックが戻ってきました。

また「あなたの実績は，すばらしいと感じています」――これもだめでした。25歳も目上の規模の大きな会社の会長様にもの申したのですから「突然，何を言い出すんだ」という雰囲気でした。

● 2-2 ネガティブ・フィードバック

ネガティブ・フィードバックを，ここでは，相手がネガティブに感じることが予測されるフィードバックとして定義します。こちらも，相手がどう感じるかによってネガティブか否かが決まります。ポジティブはプラスの印象を与えるものですが，ネガティブはマイナスの印象を与えるものです。例を挙げてみます。

- 先ほどからあなたは同じことばかり言っていて，言い訳をしているように聞こえます。
- 話の展開が早すぎるので，私は会話についていくことができず困っています。
- 話が堂々巡りになっているので，あなたの本心が別のところにあるように思えます。

ところで，ネガティブ・フィードバックを送った後にしばらくして感謝の言葉が返ってきたことがあります。次のケーススタディをみてください。

Case Study 32

私は，ある人が人のせいにすることが気になっていました。最初は考え過ぎかと思いましたが，トラブルもおこったので，勇気をもって伝えてみることにしました。

「私には，あなたが，問題の原因はあなた以外の人にあり，あなたには何も問題はない，自分はがんばっているのだ，と主張しているように思えます」すると彼は，小さな声で「わかりました……」と言いました。うすうす自分のその傾向に気づいていて「隠し通せないのだ」と痛切に感じたとあとで教えてくれました。私のメッセージを受け入れてくれたのです。私も「ありがとう」と伝えました。

受けたときはネガティブ・フィードバックだったそうですが，受け止め，考え，改善することで結果がうまくいったので感謝の気持ちを言ってくださったのだということです。

❸ フィードバックのポイント

おわかりでしょうが，フィードバックは，ポジティブな場合もネガティブな場合も受け手に強い影響を与えます。しかし，ビジネスの中では，学ぶことを学ぶという大事な側面があるので，フィードバックのスキルはさけて通れません。送る側も，そして，受ける側もです。そこでよりスムーズにフィードバックを行うためのポイントを紹介します。

●フィードバックのポイント
1) フィードバックの利点を，互いによく理解しておくこと

　フィードバックは，脳内の情報処理の活性化を促すものです。情報を獲得することで，人はどうすればよいのかについて考えを発展させることができます。

2) より具体的な情報を送る

　脳内の情報処理を活性化しますから，そのための情報が盛り込まれていなければなりません。抽象的なフィードバックは，逆に相手を混乱させます。

3) 目的は行動変容

　さらに，気づかせることが目的ではないということを十分に理解しておきましょう。気づくことは，過程の一部ですが目的ではありません。気づく過程をへて，行動変容に至ることがフィードバックの目的です。ちなみに，「気づかせる」というのは適切なアプローチではありません。何度も繰り返しますが，コミュニケーションは受け手に決定権があるので，送り手の誘導性があること自体，あるべきコミュニケーションの姿ではないのです。

4) レセプタを開いて，ピークエンドで終わる

Case Study 33

　先日，プレゼンテーションの研修があり，プレゼンターへのフィードバックをするシーンがありました。その時，特徴的な傾向をみつけました。まずはポジティブ・フィードバックをしてから，ネガティブ・フィードバックをし始めます。すでにレセプタについて学んでいる受講者だったので，ポジティブ・フィードバックをすることでレセプタを開こうとしているのかな，と推測してみましたが，後で「言いにくいから」だということがわかりました。ネガティブ・フィードバックを言い終わった後は，ほっとしている雰囲気がありました。

　ケーススタディのようにネガティブ・フィードバックには勇気が必要です。しかし，ポジティブ・フィードバックを単に「レセプタを開くためのもの」にしてはいけません。ポジティブ・フィードバックはポジティブ・フィードバックとして送るべきです。

　そこで，ここではネガティブ・フィードバックの送り方のコツを紹介します。

　まずはレセプタを開いて聴いてもらう準備を相手にしてもらいます。そしてフィードバックを送ります。ところで，ネガティブ・フィードバックは心理的抵抗が起きやすいと感じる人も多く，直接，相手に伝えることをさけようという心理が働くようです。しかし，レセプタが開いたら，具体的かつ明確に伝えていくことが大事です。相手はネガティブに受け取り，ときには落ち込むかもかもしれませんが，その場合は，**エンカレッジ**（励まし）や**承認**（☞次節）を最後に添えてみます。

①レセプタをひらく　②ネガティブ・フィードバックを行う　③ポジティブ・フィードバックを行う

レセプタ：今から大事だと思うことを言うから、真剣に聞いてほしい。

NFB：わたしは、今のあなたの発言と態度が、グループのみんなのやる気を下げていると感じています。

PFB：この前のイベントの時にみんなをまとめているなと思った。君はその気になればできるやつだと感じたから言わせてもらったよ。

　図のようにポジティブ・フィードバックでおわると、モチベーションに働きかけることができます。ポジティブ・フィードバックでモチベーションをあげた後、ネガティブ・フィードバックでモチベーションを下げてしまうと行動に結びつきにくく、不快感だけが残ることもしばしばあります。しっかりレセプタを開いてもらったあと、言いにくいこともしっかり伝え、そして、「これまで実績を出してきた君にはできると感じられる」などのポジティブ・フィードバックで終えることができれば、受け手は意欲がある状態で次に進むことができます。これは**ピークエンド**と呼ばれ、OJT（On-the-job training）でもよく用いられるスキルです。

　送り手の都合で先にポジティブ・フィードバックを送ったりせずに、あくまでも受け手の成長と行動変容を意図してフィードバックをすることは基本です。

11-02　伝えるスキル：承認

❶ 承認とは何か

　承認とは認めることです。**認める**とは、対象者の強みやよさに気づき、それを本人に伝えることです。また、その人の成長過程における変化を、言葉にして相手に伝えることも含みます。人は、認められることから、大きな動機づけが生まれるといわれていて、「行動」に移すための行動意欲に大きな影響をもたらします。

　先ほど出てきたポジティブ・フィードバックとよく似ていますが、ポジティブ・フィードバックは行動変容を目的としており、承認は自己信頼の意味合いの強いものです。しかし、実務の中で両者を明確にわける必要はありません。どちらも**モチベーションの向上**に効果的に働き、モチベーションの向上により行動が促進されるからです。組織の中のコミュニケーションは、現場で活かせることが大切、つまり実践が第一です。

　さて、この承認というスキルですが、近年多くの場で活用が推奨されています。認められることによって、自分が行ったことを他者を通してはっきりと認識することができ、自分自身が成長していることや、変化していることを知ります。そして、それは喜びとなり、「私はできる！」という自己効力感が高まります。また、人は自分を認めてくれる人に対し

て，信頼の気持ちをもっていきます。そこには，安心感が存在します。ですから，認めることは関係構築に有効な影響をあたえるスキルであるといえます。

❷ 承認の例

承認の例を3つのカテゴリーに整理して，ここで挙げておきます。

相手に現れている違いや変化を，はっきり伝える
いつもと眼鏡がちがうわね。 最近，よい表情をしているね！ 今日の服装は春の装いね。
相手の「到達点」をそのまま口にする
力がついたなぁ。このたいへんな仕事をよく完了したね！ 合格したのは毎日の地道な努力の賜物だね。
自分が感じた相手に対する感情を伝える
おまえは元気だなぁ！　一緒に仕事をしていて，楽しいよ！ 君の笑顔にいつもいやされるよ。

◉【褒める】と【認める】

「褒める」とは，成果や結果あるいは行動に対しての評価的要素が高いもので，「認める」とは，相手の存在そのものを認めることです。これらは総称して「承認」といわれますが，個々のスキルは区別して使います。

承認	■褒める　褒めるとき，「あなたは，……」で始まる　評価性のあるメッセージ
	あなたは，よくがんばったね，えらかったね。 あなたは，とてもよくできたよ。
	■認める　認めるとき，「私は，……」で始まる　ありのままを受け入れる
	私は，あなたに力がついたと思っています。このたいへんな仕事をよく完成したな，と。 私は，あなたの努力が実を結んだのだと思います。

11-03 伝えるスキル：ゼロポジションで伝える

❶ ゼロポジションとは何か

ゼロポジションというのは，かたよらない話し方をいいます。ゼロポジションで伝えるというのは，機械的で単調な言葉を発するということではありません。ましてや，まるで無関心を装うような伝え方でもありません。おだやかに，見えた事実をありのまま伝えていくというものです。その時，内容が評価的・断定的にならないように配慮すると，なおよいでしょう。フィードバックと似てはいますが「おだやかに」がこのゼロポジションの特徴です。自分が感情的になっていると認識できているとき，また，伝える内容によっては相手がネガティブに受け取る可能性や過剰な反応を示すことが予測される場合に，それでも伝えなければならない重要な内容を，先のレセプタを開くアプローチとともに，努めてゼロポジションの伝え方でメッセージを送ることが大切です。

これは相手を冷静な気持ちにし，あるいは双方がヒートアップしない状況を構築しようとすることでもあります。それは，とりもなおさずコミュニケーションの原点に戻り，互いの差異を知り，相違を認め合いながら意思疎通を行うことなのです。

このスキルは送り手側に激しい感情が働いているときに有効なスキルだといわれています。**感情**（affection）とは，こころの中（からだの中）で動く主観的な何らかの意識で，意図的に操作できるものではありません。それゆえ，感情をもった私たち人間は「感情の生き物」といわれています。しかし，人は自らの感情を制御しようと不毛ともいえる努力を繰り広げます。感情を抑えようと，感情をもたないようにと，試みるのです。しかし，この感情をコントロールすることはおよそ不可能ではないかと考えられています。「怒ってはいけないのだ」「どんなときも冷静でいなければならない」などと自分を落ち着かせようとすること自体，すでに感情的になっていると考えられており，したがって私たちは感情から逃れることなどできないという結論に至っています。そのためまずは感情についての理解が重要なのです。

❷ 感情の分類

ここで感情を「情動（emotion）」「気分（mood）」「好みと評価」の3つに分類しましょう。

◉ 2-1 情　動

原因事象がはっきりしていて，しかも一時的な強い感情のことを本書では**情動**と呼びます。たとえば，並んでいるレジに割り込まれてカッとなった，あるいは，大好きな人から告白され天にも昇る気持ちになった，大好きな人にふられ頭が真っ白になった，などの例を挙げることができるでしょう。おもしろい場面に出くわしてお腹を抱えて笑うというの

も楽しい情動の現れです。喜怒哀楽といわれるものはこれにあたり，感情の 4 つの基本として怒り（mad），悲しみ（sad），恐怖（scared）喜び（glad）が挙げられます。これらは，私たちも日常の中でよくよく経験していることではないでしょうか。

● 2-2　気　　分

　原因事象がつかみにくく明確ではないけれど，比較的長い時間その雰囲気を引きずっているような気持ちのことを本書では**気分**と呼びます。一般的に使う「気分」という言葉は「感情」という言葉との結びつきが遠いように感じられるかもしれませんが，気分は感情の 1 つといえます。たとえば朝から不運続きで気分が沈んでいる，ここ最近何だかよい調子だ，最近の私は以前と違ってうきうきしている，などといった状態が挙げられます。

● 2-3　好みや評価

　好みや評価というのも「感情」とは違うイメージをもつ人がいるかもしれません。しかし，たとえば，好きなタレントさんに対しては正の感情が働いたり，苦手なタレントさんに対しては負の感情が働いたりします。私は，間接照明が嫌いなのでランクの高いホテルに泊まるほど間接照明の重厚感で気持ちが押しつぶされそうになり不愉快になります。これも好みや評価という感情です。

❸ 感情から逃れることはできない

　驚くべきことに今の時代では感情的になることをよくないことと考える風潮があります。「もっと冷静になりなさい」「感情的にならずに頭で考えなさい」と指導する教育者もいるほどです。しかし，ここまでに述べてきたように私たちは感情から逃れることなどできないと考えるのが現実的です。感情は，そこかしこで発生しています。感情は，私たちが意思をもって生み出すものではありませんから時と場を選んでくれることなどありません。そして，そもそも制御できるものではないのです。そしてそれは人間らしいことだといえます。感情は悪ではありません。

　では，生涯感情に翻弄されながら生きていかねばならないのでしょうか。自分の一部であるというのにどうするすべもないのでしょうか。これこそ，ビジネスに生きる私たちの最大の関心事ではないでしょうか。お客様のはげしいクレームに動揺したり，上司の理不尽な叱責に怒りを覚えたり，同僚の手抜きに憤りを感じたり，後輩のサポートに深く感謝したり——そんなとき，私たちはどのように相手と関わればよいのでしょうか。相手の感情を，そして自分の感情をどう扱えばよいのでしょう。

　これには，1 つの解決策が存在します。何度も書いたように確かに感情の発生する前に人が操作を加えることはできません。悲しくならないようにと思っても悲しいときには悲しいと思うし，つらいときにはつらいと感じます。喜んではいけないと思っても喜びを抑

えることなどできないでしょう。

　感情の発生をどうしようもないのであれば，私たちにできることは1つです。発生した感情を「どのように表すか」「どのように相手に伝えるか」に目を向けるのです。ビジネスの中では，たびたび，相手に伝えにくいため問題の核心に触れないことや，怒りの感情に任せて相手に言葉をぶつけることがあります。しかし，これらは人と人の関係にひずみを起こしやすくしますし，関係性が維持できずに課題の達成に負の影響を及ぼすことがあります。だからこそ，ビジネスの場面で結果や関係に負の影響を与える可能性のある感情の扱い方を考えるべきです。

　その扱い方とは「伝え方」に意識を向けることです。組織の中のコミュニケーションでは，感情が負の過程や結果を生みそうだと思われる場合，「意識して心がけ，ゼロポジションで伝える」ことが大切なのです。

ポイント
- ゼロポジションで伝えるときは，レセプタを開いた後に，過度な前置きや遠回しな言い方は避け，事実をありのまま伝えていきましょう。
- 伝えることにより，相手の気づきや発見を促すことができるというメリットを理解し，意図しましょう。

ここで，ここまでの学習を整理してみましょう。

①フィードバックとは何ですか？

②ポジティブ・フィードバックを送った実例と，ネガティブ・フィードバックを送った実例を2つずつ挙げてください。

	誰に？	メッセージ
ポジティブ・フィードバック		

ネガティブ・フィードバック		

③認めてもらえたときのことを思い出してください。Ⓐ誰から，Ⓑどのようなときに認めてもらいましたか？　Ⓒそして，どのような気持ちになりましたか？

④あなたが取り組みたいなと思ったことを書いてください。

⑤この取り組みを続けてみることで，あなたは何を得ることができますか？　あるいは，どんな成長をすると思い描くことができますか？

⑥この取り組みをいつからいつまでやってみますか？　日にちを書いてください。

　記入がすんだら，隣の人とシェアしてお互いに結果を報告しあいましょう。シェアは以下の要領で進めます。

11 領域③：伝えること③ フィードバック・承認・ゼロポジション

シートのシェアのしかた

①	それぞれ1の項目をシェアする
②	1人目が2の項目をシェアしたあと，相手はそれについてフィードバック 2人目が2の項目をシェアしたあと，相手はそれについてフィードバック
③	1人目が3の項目をシェアしたあと，相手はそれについてフィードバック 2人目が3の項目をシェアしたあと，相手はそれについてフィードバック
④	1人目が4の項目をシェアしたあと，相手はそれについてフィードバック 2人目が4の項目をシェアしたあと，相手はそれについてフィードバック
⑤	1人目が5の項目をシェアしたあと，相手はそれについてフィードバック 2人目が5の項目をシェアしたあと，相手はそれについてフィードバック
⑥	1人目が6の項目をシェアしたあと，相手はそれについてフィードバック 2人目が6の項目をシェアしたあと，相手はそれについてフィードバック

シェアしながら，フィードバックに慣れていってみましょう。率直に感じたことを伝えることを意識してください。③④⑤ではフィードバックを承認に変えてやってみると，承認のトレーニングにもなります。どうでしょうか？

やってみると意外にも，その場でフィードバックをすることについて難しさを感じた人がいるかもしれません。

そんな人には，こんな取り組みをお勧めします。

①質問と同じく，状況を自由に想定して書きだしてみる。
②テレビのコメンテーターのフィードバックをメモして書き取ってみる。
③小説を読みながら，登場人物にメッセージを送る。
④日々，とにかくポジティブ・フィードバックをしてみる。
⑤日々，レセプタを開くことを意図して実践する。
⑥レセプタを開いてからネガティブ・フィードバックをする練習を家でしてみる。
⑦職場の人に相手になってもらい，聞いてもらいフィードバックをもらう。

日々試み，うまくいかなかったら工夫を加え再度試みることを繰り返すことによって，必ずやスキルは向上することでしょう。そして，ここで，「はじめに」の本書の活用の仕方5か条を読み直していただければ，これほどうれしいことはありません。

Part III

集団を理解する

12 集団とは何か
13 集団による影響関係

12 集団とは何か

12-01 集団とは何か

❶ グループは刻一刻と動いている集合体

　ここまでは主に1対1での対人コミュニケーションを扱ってきました。そこで，本章と次章では，人の集まりである「集団」という概念をみていきたいと思います。

　ところで，なぜ，組織の中のコミュニケーションの学習に「集団」の理解が必要なのでしょうか。それは，ビジネスを実行している主体は「組織」であり，組織とは人が集まる「集団」だからです。1人や2人では想定できない思いもよらないことが，多数の人の集まりでは起こることがあるため，集団の特性を理解しておくことは組織の中の，そしてビジネスにおけるコミュニケーションを考え，深め，実践していくことに大きく貢献し役立つのです。

　「はじめに」で紹介した人間行動の基本関係式を発表したクルト・レヴィンは，マサチューセッツ工科大学（MIT）にグループダイナミクス（group dynamics）研究所を創設しました。グループダイナミクスは，集団力学と和訳されていますが，この集団における人々の思考や行動（集合の全体気質）などを研究する学問の知見から，集団にはさまざまな特性があることがわかってきました。

　グループダイナミクスでは，集団を**グループ**と表現しますが一般的に用いられているグループとは少し意味が異なるため注意が必要です。集団力学で使う「グループ」は「集合体」と訳され，その構成要素として「人々」と「環境」が挙げられます。つまり単に人の集合体だとはされていません。物理的な環境と非物理的な環境も含んで「グループ」と考えるのです。ここで，**物理的な環境**というのは建物や備品などを指し，**非物理な環境**というのは制度であったり言葉であったり役割であったりします。

　また，グループを**流動体**と捉えることによって，一見安定しているようにみえるグループも，顕在化していないだけで時が刻一刻と過ぎるようにグループも刻一刻と変化しているという**動学の立場**を取っています。

Case Study 34

会議運営の研修では,それまで話さなかった人がよく話し始めたり,結束のあったサブグループが崩壊して別のサブグループができ上がるなど,短い時間で多様な変化が起こります。また,なかなか変わらない規範もありつつ,一方で入職者や退職者の存在の影響でじわじわと,こまかく変化する様子も観察できます。

「グループは,人々と環境で成り立ち変化し続ける集合体である」とクルト・レヴィン(1956)はいいました。みなさんもぜひ,グループの変化を観察してみてください。

❷ 集団と群れはどうちがう？

私はよく,「集団と群れ」の違いについて質問を受けます。そこで具体的に説明するために,集団の成立要件とされているもの5つ抽出して「＊＊社」と「駅のホームに集まった人々」を対比させながら説明してみましょう。

【要件1】成員同士に,影響関係が存在している。

＊＊社（集団）	駅のホームに集まった人々（群れ）
会社に行って仕事をする。そこには,上司⇔部下の関係や経理部⇔営業部の関係などがあり,互いに互いの業務へと影響を与えあっている。	ホームに着いて,そこにいる人たちと何かするわけではない。あくまでも個人の目的を果たすためにそこに来ている。

【要件2】成員同士の関係が,ある一定期間継続する。

＊＊社（集団）	駅のホームに集まった人々（群れ）
入社により影響関係が開始され,退社によって影響関係が終了する。チームの発起によって影響関係が開始され,チームの解散によって影響関係が終了する。	個人の目的を果たすために駅に行き,個人の目的を果たしたら去る。

【要件3】構成員が,目的や目標を共有している。

＊＊社（集団）	駅のホームに集まった人々（群れ）
組織の目的と目標が掲げられ,人々はそれを知らされ,それに向けて活動する。	それぞれが駅に用事があり出向き,それぞれは駅で用事が終わると去る

【要件4】構成員の,地位や役割が明確になっている。

＊＊社（集団）	駅のホームに集まった人々（群れ）
社長以下の組織図が明確に示され,それぞれの職位や職業に応じて適切に役割が割り振られている。	行きたい場所に行く。待ちたい場所で待つ。

【要件5】構成員が,自分自身はその集団の一員であることを自覚している。

＊＊社（集団）	駅のホームに集まった人々（群れ）
名刺や社章,ユニフォームなどに反映され,所属意識がある。	個人の目的によりその場所に行くのであって,特別に駅のホームに集まるという自覚をもってそこにいるのではない。

　いかがでしょうか。集団の成立要件を5つ挙げてみました。群れではなく集団であるためには,ただ人が集まればよいというものではないということを確認していただけたかと思います。現実にはこの成立要件が,形式的に整備されているだけあるだけの場合もありますが,多くの集団がこれら成立要件を満たしてあるいは満たそうと組織活動を繰り広げているのです。

12-02　自分の所属している集団を考えてみよう

● 成立要件から考える

　みなさんが所属している集団は12-01で挙げた成立要件に照らし合わせて考えてみましょう。あなたの所属しているグループを1つ挙げてください。それは,今現在の職場でもよいですし,家族や,サークルなどでもかまいません。お茶などの習い事をしている人もグループに属していると考えます。

【要件0】あなたが所属しているグループは？〔1つ挙げてください。〕

_____

【要件1】そのグループには,メンバー同士どのような影響関係がありますか？〔構成員同士に,影響関係が存在しているでしょうか？〕

_____

_____

_____

【要件2】その影響関係は,いつから始まり,いつまで続いていますか？〔成員同士の関係が,ある一定期間継続しているでしょうか？〕

【要件3】そのグループの目的および目標を挙げ，どのように要求されていたか書いてみましょう。〔構成員が，目的や目標を共有しているでしょうか？〕

_____
_____
_____
_____

【要件4】そのグループでは，どのように役割が割り振られていますか？〔構成員の，地位や役割が明確になっているでしょうか？〕

_____
_____
_____
_____

【要件5】あなたは，そして他のメンバーは，そのグループの一員であるという意識をもっていましたか？ それはどのようなことで示すことができますか？〔構成員が，自分自身はその集団の一員であることを自覚しているでしょうか？〕

_____
_____
_____
_____
_____

＊書き終わったら，グループを組んでシェアしてみましょう。

13 集団による影響関係

13-01 集団規範

❶ 集団規範とは何か？

　集団が所属している組織には影響関係があることは前章でお話ししました（☞155頁）。その代表的なものが**集団規範**（Group Norm）と呼ばれるものです。集団規範はグループが成立した後，時間の経過とともに自然にでき上がるものだと考えられています。人々の行動を規制する決まり事（判断の枠組みなどの思考様式）で，所属メンバーとして期待される「行動の基準」となっているものです。グループの中では常識とされることが多いようです。

Case Study 35

　あるとき私は友人夫婦の家に泊まりにいきました。夜になりお風呂に入るとき友人が湿ったバスタオルを貸してくれました。その家では1枚のバスタオルを家族で使い回すということで，私にも友人の夫が使った後のバスタオルが回ってきました。そして，その日に使い終わったバスタオルはそのままベランダに干されました。「洗わないの？」ときいてみると「どうして洗うの？　お風呂に入ったきれいな体を拭いたタオルだよ？　おかしなことを言うのね」と一笑されました。私の家では1人1枚のバスタオルを使い，一回の使用ごとに洗濯します。
　翌朝，私が着替えをしようと服を一式置いていると，それを見た友人から「朝，パンツを履き替えるの？」と驚かれました。私の家では夜寝ている間に着ているものが汚れるという理由で，毎朝下着から全部着替えます。しかし，友人にとっては聞いたこともない習慣ということでした。

　上のケーススタディのように，ある集団では常識となっているが，他の集団では常識となっていないようなものを「その集団の規範」とここでは呼ぶことにします（あるいは慣習や習慣と言い換えると理解しやすいかもしれません）。自分とは異なる規範に触れたときに，はじめてその集団の規範がわかります。また自分の属している集団の規範もわかるはずです。逆に集団に所属しているとわかりにくいものだということにも注意が必要です。

規範は自然に生まれたものですが，新しく形成されることもあります。たとえば，職場内での喫煙の禁止なども近年つくられた規範ですし，建物が新しくなって建物内は土足禁止にするのも新たに作り上げられた規範です。挨拶推進運動により元気な挨拶が根づいた例も作られた規範です。

❷ 望ましい集団規範と望ましくない集団規範

一般的に集団規範には働く上で，「望ましいもの」と「望ましくないもの」があるとされているように感じます。ここでいう「望ましいもの」とは集団の活性化を図るもので，朝の挨拶をすることなどは，「望ましい」とされるケースが多いでしょう。また，みんなで掃除をしたり，笑顔で業務に取り組んだり，報告相談連絡のシステムが明確になり，確実に運用されていたりすることなどもそうです。

望ましくないものとは，集団の活性を抑制するものをいい，返事をしない，報告がない，稟議書のチェックをしない，時間管理をしない，などがこれに該当するでしょう。一般的には望ましくない規範は思い切って手放し，望ましい規範を意図的に作り上げていくことがよいと考える人は多いのではないでしょうか。

❸ 明示化の規範と黙示化の規範

集団規範は「明示化された規範」と「黙示化されている規範」にわけることができます。ここでは就業規則や雇用契約，トイレの張り紙，喫煙箇所の指定，社是の唱和，クールビズの宣言など，集団の構成員に公示されているものを**明示化された規範**と呼ぶことにします。また不文律のように組織としてルール化されていないけれど人々を動かしている暗黙の了解のような規範のことを**黙示化されている規範**と呼ぶことにします。なんとなく誰も掃除しない，誰も定時に帰らない，誰かが発言したら必ず拍手をする，来客が来ても席を立とうとしないなどがこれにあたります。

明示化規範を破ると懲罰などの社会的制裁が待っていますが，黙示化規範を破ると心理的制裁が待っているといわれています。変わっているので集団から浮く，というわけです。

また，人は明示化された規範よりも黙示化された規範を優先する，と一般的には考えられています。

Case Study 36

ある病院に，事務長として理事長の息子が着任しました。まだ20代後半でやさしくて注意などしない事務長に事務局のすべての決裁権がありましたが，その事務長より一般事務員である口うるさいベテランさんが実際の権力者で彼女の許可が下りないと何もできない，という話がありました。

あなたの周りの集団規範を探してみよう！

1) あなたが所属しているグループを1つ挙げてください

_____

2) そのグループには，どんな規範がありますか？

　まずは，明示化された規範と，暗黙の了解となっている黙示化されている規範を仕分けながら出してみましょう。

明示化されているもの	黙示化されているもの

3) 2で仕分けたものに，二色のカラーペンを使って「集団にとって望ましいもの」と「集団にとって望ましくないもの」に選別してみましょう。

4) 3で色分けしたものを，以下の表に整理しながら転記します。転記しながら新しくみつけた規範があれば加筆していきます。

集団にとって望ましいもの	集団にとって望ましくないもの

❹ 集団規範の3つの特徴

◉ 4-1 規範からはずれた言動をとると，浮いた存在になったりする

> **Case Study 37**
>
> 30代半ばの頃，新しく構えた事務所はある大きな会社の一角を借りました。毎朝大きな声で挨拶をする私は「おはようございます」と元気いっぱいに会社に入るものの，大きな挨拶をする習慣のないその会社で浮いた存在になり毎朝肩身が狭い思いをしました。次第に元気に挨拶することがおかしいと思え，恥ずかしいと感じ，つぶやくようなささやくような朝の挨拶になりました。蚊の鳴くような声です。

上のケースのように，人はその集団でできるだけはみ出さないように行動を調整しようとします。「コミュニケーションをしっかりとろう！」とどんなに壁紙に書いたとしても，そうではない会社の雰囲気の方が優先されてしまいます。1人でがんばっていたらますます浮いてしまうということさえあります。

◉ 4-2 急激な変化については，心理的抵抗を示し，規範を変化させまいとする

人は安定をもとめるものです。変化に不安を抱き「変わった方がよいだろう」と頭で理解していても変わらないように望み変化させまいとすることがあります。とくにその変化が急激で大きなものであればなおのことです。

> **Case Study 38**
>
> あるコンサルタントの男性が若かりし頃にある会社の会議の進め方がおかしいと考え，自分が理想とするやり方を導入させようとしたところ，初回はまったく思い通りにならなかった上，2度目の会議には社用にかこつけて参加者の8割が会議を欠席したそうです。

人は，よくないとわかっていてもこれまでの習慣を急激に変えることに積極的にならないため，その点に留意しなくてはなりません。規範を変えようと思ったなら了解を取りながら話し合いながら，次第に取り組むことが望ましいとされています。

◉ 4-3 暗黙の集団規範は，印象的なできごとが起きたときはじめて意識できる

先ほどの友人の家にお泊まりにいった話のように，外部での経験によって自分の家の規範がわかります。バスタオルのことなど日頃は意識するはずがありません。30代半ばで経験した朝の挨拶も同じです。自分では「常識」が別のところに行ったら「奇妙な光景」として映ってしまうことで，「自分たちだけの常識」と認識でき規範がわかります。規範は「あれ？　おかしいぞ」と感じたときに，みつけやすいのです。

そして，みつけたとき，「変えなければ」とか「これはすばらしい！　さらに強固に推進すべきだ」と思うか，あるいは「あの人変わっている」で終わらせてしまうかによって，その後の行動と規範の行く末が決まります。

13-02　同調行動

❶ 同調行動とは何か

集団規範に従おうとして，実際に従うことを**同調行動**といいます。これには「人に好かれたい」「自分は正しいと思いたい」という2つの心理的なものが作用していると考えられています。人に好かれたくて同じような行動をとることは直感的にイメージできるでしょう。「自分は正しいと思いたい」というのは，集団規範に従っている限りその集団では異質な行動をとっていないと考え，異質な行動をとっていないということは，その集団で正しいとされていることをしている，という考えです。

❷ 同調行動の3つの種類

◉ 2-1　追　従

追従とは見せかけの同調です。その場にいると従いますが，その場を離れると途端に態度が元の自分に戻る場合を指します。最近，若手の研修を担当したときのことですが，研修会場で他のみんなと一生懸命ワークに取り組んでいたのに，研修が終わったら会場の廊下で「あんなことしたって意味がないし」と同僚に話していた若者がいました。研修ではこのような同調行動を非常によくみかけます。もしかすると，受講生が追従の姿勢で研修を受けているのは講師の私の力量の問題かもしれませんね。

あなたが過去とった追従の例を挙げてみましょう

_____

_____

_____

_____

◉ 2-2　同一視

同一視とはあこがれからくるもので，その人と自分を同一であると捉えようとして同じ

行動をとることをいいます。理想とする上司と同じ行動をとってみたり，社則よりも尊敬する先輩の言うとおりに行動したりなどがこれに当てはまります。同一視が危険な理由は，あこがれが解けたときに，ふと，もとの自分に戻ることです。

Case Study 39

以前笑顔が素敵な女性と，所属の事務所は違いましたがコラボレーション事業でよく一緒に仕事をしました。ところが，仲が良かったのに突然笑顔を見せてくれなくなりました。何か悪いことをしたかな，と不安になりました。随分経って他から聞いた話では，その女性は日頃感情を表に出さないタイプで，私に合わせて表情を出していたということでした。それをある日止めたということは……。

あなたが過去とった同一視の同調行動を挙げてみましょう

_____
_____
_____
_____

● 2-3 内面化

内面化とは，組織の考えなどを自分に取り入れ意義を考え，納得してそれに同調しようとするもので，同調行動としてはもっとも推奨できるものです。

あなたが過去経験した内面化の同調行動を挙げてみましょう

Case Study 40

私の友人は家業を継ぎ葬儀屋を営んでいます。そこで彼は20年ほど働いていますがその間にこの仕事に誇りを持ち始め，組織が示しているその会社の存在意義を自分の考えとして取り入れています。

_____
_____
_____
_____

13-03　社会的手抜き

❶ 社会的手抜きとは何か

社会的手抜き（social loafing）とは「自分くらい，いいさ」という心理で，1人でするときよりも作業にかける力を緩めてしまうことをいいます。社会的手抜きは集団の活動の中でたびたび目にすることがあります。

Case Study 41

私は小学校時代音楽の時間にコーラスを，口パクで乗り切りました。クラスの歌はすばらしいハーモニーでした。また，ある講演会に行ったときに「同じような経験をしたことがある方，手を挙げてみてください」といわれました。類似経験がありましたが手を挙げませんでした。他の人が手を挙げていましたし，いいやと思ったのです。しかし，たとえば陸上スポーツのリレーではそうはいきません。リレーは1人でするものではありませんが，集団で一斉に活動するものではないので手抜きをするとすぐにわかってしまうのです。

さて，ドイツの心理学者リンゲルマンの実験によると，人手が多いほど作業への手抜きが大きくなってくるという結果が出ています。実験は綱引きで行われました。最初は1人で綱を引かせてそれを100％の力と想定し，人数を徐々に増やして1人当たりの引っぱり力を算出していきました。すると，単独状況よりも集団状況の方が1人当たりの引っぱり力が低下を示しました。

1人で綱を引いた場合を100％と考え，2人では，1人あたりが93％の引っぱり力，3人では，1人あたりが85％の引っぱり力，8人では，1人あたり49％まで低下したそうです。このような結果から導かれた内容は**社会的衝撃理論**（Social Impact Theory）と呼ばれ，1人であれば社会的圧力を受ける影響が大きくなり，集団になるとその人数に応じて社会的圧力が分散されると考えられています（Ringelmann, 1973）。まさに，リレーとコーラスの違いではありませんか。

❷ 社会的手抜きを考える

では，ここで質問です。あなたが過去してしまった社会的手抜きはどのようなものですか？　書き出してみましょう。

_____

_____

_____

13 集団による影響関係

書き出したら、グループで披露しあいましょう。そして、次項の話題についてグループで話し合いをしてみてください。

❸ グループで話し合う

①社会的手抜きはどうして起こると思いますか？

②社会的手抜きは防げると思いますか？ また防げるなら、どうすれば防げるでしょう？

　社会的手抜きは、集団でいつも起こっている現象ではありません。役割や責任の明確化や作業の具体的指示があればサイレントゲームの松係員だって玄係員だって米係員だって懇親会の話をしなくなるでしょう。このように役割を割り振り、責任を公示することで社会的手抜きを減少させることができます。それともう1つ、社会的手抜きをした人と努力をした人が同等の評価がされたのでは不満が生まれます。こういった意味でも、ビジネスの中で社会的手抜きは見逃してはならないし、真実を評価し社会的手抜きが起きないよう組織の運営をしなくてはならないと考えられています。

13-04　集団思考

❶ 集団思考とは何か

　最後に集団思考についてお話をします。**集団思考**というのは，組織構成員の意見が一致することがもっとも尊重されるものであり，これを異常な思考過程と評する研究者もいます。集団思考に発展するには複数の要因がありますが，高い凝集性・情報の遮断・専制的リーダーの存在・ライバル集団への敵対意識などが挙げられています。対応策は要因を解除することで凝集性について見直し，異なる情報を流入・検討し，リーダーシップのスタイルをチェックして，パワーゲームを止めることです。

Case Study 42

　集団では色々な行動を見ることができます。和気藹々としていた某会は，長の代替わりで様子が変わりました。長の強いリーダーシップに追従する人が出てきて，それに異議を唱えるグループが生まれました。そこから会の運営側と会員たちという対立構図になり，会員側にリーダーができました。リーダーは運営側の長のリーダーシップに押されがちで，やがて退会。それからは対立がなくなり，会員は長の言葉に従いながら活動を始めました。

　このような集団思考というのは意外にも身近に潜んでいます。ですから常にコミュニケーションを開放的にしておくことを心がけておくべきでしょう。

❷ 本章のまとめ

　集団は，これらの特徴をもっています。プラスに作用すれば計り知れないほどの力を発揮することもあれば，マイナスに作用することで破滅の道を辿ることもあります。これら特性を良く理解した上で組織の中のコミュニケーションを実践していくのは有益なことです。

　これから，ビジネスの場でさまざまなコミュニケーションに出会うことになるでしょうが，その中でたびたびスキルを実践する機会に恵まれることと思います。

> 努力してどんなにがんばっても，
> 時に何も変わっていないように見えるかもしれません。
> 時にまるで群れになっているように思うかもしれません。
> 時に不毛な集団規範の前にうちひしがれるかもしれません。
> 時に同調行動により真意を理解できないと悩むかもしれません。
> 時に社会的手抜きに衝撃を受け，集団思考で立ち止まるかもしれません。

それでも，本書に書かれていることをもって臨んでいけば，輝ける未来があることは想像に難しくありません。大切なことは何事もあきらめずに取り組み続けることです。組織は成長するものであると書きました。そしてそれに属す私たちも成長する存在であり，自ら気づき問題解決ができる能力をもち，行動して結果を生み出すことができるのです。短期的な取り組みであきらめることなくビジネスの現場にいる限りビジネスコミュニケーターとしての意識をもって行動し，考え，検証して，再び前進してください。

　悩む必要はありません。必要なのは行動と考えることです。そして継続です。深刻になるのではなく真剣に取り組んでください。するとその先に「仕事をする喜び」「働きがい」という名の扉が，みなさまビジネスコミュニケーターを待ちかねていることでしょう。

　さぁ，では最後に，本書のまとめとして現場での活用について考えてみましょう。次頁のまとめを個人で記入したら，仲間とシェアして，その後はお礼を言ってお別れです。

　長い授業，本当におつかれさまでした。

まとめの学習整理シート

- 本書で学んだ組織の中のコミュニケーションをまずは実施してみようと考えているのはどの組織ですか？

- その組織は，現在どういう状況ですか？
【コンテンツ（課題）】

【プロセス（チームの中の関係性）】

- 実施するために，事前に留意しておいた方がよさそうなことは何でしょう？

- 実施するために，どのような準備が必要ですか？

- 実施するためのその準備は，いつから始めますか？

【引用・参考文献】

今川民雄・高田利武・外山みどり・唐澤かおり・笹尾敏明・齊藤　勇［編］（1988）．対人社会心理学重要研究集5　対人知覚と社会的認知の心理　誠信書房

ヴァーカス, M. F.／石丸　正［訳］（1987）．非言語コミュニケーション　新潮社

ウィーナー, N.／池原止戈夫・彌永昌吉・室賀三郎・戸田　巌［訳］（2011）．サイバネティックス―動物と機械における制御と通信　岩波書店

小口孝司・楠見　孝・今井芳昭（2009）．仕事のスキル―自分を活かし，職場を変える　北大路書房

香取一昭・大川　恒（2009）．ワールドカフェをやろう　日本経済新聞出版社

齊藤　勇・高田利武・古屋　健・川名好裕・稲松信雄・齊藤　勇［編］（1987）．対人社会心理学重要研究集2　対人魅力と対人欲求の心理　誠信書房

シャノン, C. E.・ウィーバー, W.／植松友彦［訳］（2009）．通信の数学的理論　筑摩書房

センゲ, P. M.／守部信之［他訳］（1995）．最強組織の法則―新時代のチームワークとは何か　徳間書店

センゲ, P. M.／枝廣淳子・小田　理一郎・中小路佳代子［訳］（2011）．学習する組織―システム思考で未来を創造する　英治出版（『最強組織の法則』の増補改訂版の完訳）

チャルディーニ, R. B.／社会行動研究会［訳］（1991）．影響力の武器―なぜ人は動かされるのか　誠信書房

チョムスキー, N.／安井稔［訳］（1970）．文法理論の諸相　研究社出版

津村俊充・山口真人（1992）．人間関係トレーニング―わたしを育てる教育への人間学的アプローチ　ナカニシヤ出版

バーナード, C. I.／山本安次郎・田杉　競・飯野春樹［訳］（1968）．新訳　経営者の役割　ダイヤモンド社

林　春男・磯崎三喜年・小窪輝吉・古川久敬・齊藤　勇［編］（1987）．対人社会心理学重要研究集1　社会的勢力と集団組織の心理　誠信書房

深田博己（1998）．インターパーソナルコミュニケーション―対人コミュニケーションの心理学　北大路書房

古屋　健・川名好裕・麻生由紀子・馬岡清人・稲崎貞美・齊藤　勇［編］（1988）．対人社会心理学重要研究集4　環境文化と社会化の心理　誠信書房

古屋　健・大坊郁夫・鈴木晶夫・白井泰子・齊藤　勇［編］（1987）．対人社会心理学重要研究集3―対人コミュニケーションの心理　誠信書房

ブラウン, A.・アイザックス, D.・ワールド カフェ コミュニティ／香取一昭・川口大輔［訳］（2007）．ワールド・カフェ：カフェ的会話が未来を創る　ヒューマンバリュー

星野欣生（2007）．職場の人間関係づくりトレーニング　金子書房

宮城まり子（1995）．「コミュニケーション」　産業能率大学通信教育課程テキスト

レヴィン, K./猪股佐登留［訳］(1956). 社会科学における場の理論　誠信書房
リース, F./黒田百合子・P.Y.インターナショナル［訳］(2002). ファシリテーター型リーダーの時代　プレジデント社
柳原　光（1989）. 人間関係訓練基礎講座〈解説書〉　プレスタイム

Birdwhistell, R. L. (1970). *Kinesics and context: Essays on body motion communication.* Philadelphia, PA: University of Pennsylvania Press.
Festinger, L. (1957). *A theory of cognitive dissonance.* Stanford, CA: Stanford University Press.
Ostrom, V. (1977). Comparing Urban Service Delivery Systems. Sage.
Hymes, D. (1972). On communicative competence. J. B. Pride, & J. Holmes (eds.) *Sociolinguistics: Selected readings.* Harmondsworth, UK: Penguin Books, pp.269-293.
Moede, W. (1927) *Die Richtlinien der Leistungs-Psychologie.* Industrielle Psychotechnik.
Latané, B., Williams, K. & Harkins, S. (1979). Many hands make light the work: The causes and consequences of social loafing. *Journal of Personanality and Social Psychology.* **37**(6) 822-832.
Leavitt, H. J. (1951). Some effects of certain communication patterns on group performance. *Journal of Abnormal and Social Psychology.* **46**(1) 38-50.

謝　辞

　本書の出版には，多くの方の出会いとご高配をいただきました。支えてくださったみなさまなくしてこの機会を語ることはできません。

　大学の授業を楽しみながら学び，積極的に学習に励んでくれた学生諸君，そして研修に参加して意義を見いだし，主体的に行動変容の試みをなさったみなさまに，まずは御礼申し上げます。

　研修業務に携わってから14年目，大学教育に関与して8年目，この間，多くの学習の機会を通し，組織の中のコミュニケーションを研究実践してきました。その紆余曲折の中で，わたしの独立を応援し，心の支えになっていただいた株式会社フューチャービジョン代表取締役の下村裕篤さまと，サイバーナビ株式会社代表取締役の山崎慎也さま。学習機関や教室の中ではなく，現実の社会生活の中で，組織のコミュニケーションというものが何を意味し何を創造し，どうなれば破壊するのか，何によって再生できるかなど，実践を通して気づかせ鍛えてくださいました。その暖かく深い先輩愛に心から感謝申し上げます。

　ファシリテーションとの強烈な出会いをいただいた田崎哲夫さま（エデュケイションラボラトリー代表），人間関係の貴重な示唆を頂戴した星野欣生先生（南山短期大学名誉教授）津村俊充先生（南山大学），日々のラボラトリーを支えていただいた友人の山本香織さま，リーダーシップの示唆をいただいた桃井庸介さま（リーダーシップ研究大学 CLS Japan 本部 S. L. 専属トレーナー／主席研究員），広島県北広島町社会福祉協議会のみなさま，広島経済大学興動館のみなさま，セミナーにお越しいただいたみなさま，ありがとうございました。

　執筆中には出版を待たず父が他界いたしました。父は黙して語らないながら支え続けてくれました。お父さん，ありがとう。

　母は涙で目をまっ赤にして「知穂ちゃんの本が出るんじゃね！」と喜んでくれました。お母さん，ありがとう。

　いつもわたしを励ましてくれた娘と息子にも，ありがとう。

　最後になりましたが，本書の出版を快くお引き受けいただき，執筆中には父の喪に服すわたしに前を向く勇気をいただきました株式会社ナカニシヤ出版編集部の宍倉由高さま，優しく元気に支えていただきました営業部の面高悠さま，そして寝る間を惜しみ編集をご担当いただきました編集の米谷龍幸さまに，深く感謝し御礼申し上げます。

2014年6月
平澤知穂

著者紹介

平澤知穂（ひらさわ・ちほ）

広島文化学園大学　非常勤講師
組織行動研究所　所長
専門：職場内コミュニケーション，施策と思考のマネジメント

本書のサイレントワークを教育現場で実施ご希望の方に，著者が使用しているワークシートを無料でご提供させていただきます。
ご希望の方は，manual@nakanishiya.co.jp　まで。

オフィスコミュニケーショントレーニング［第2版］
みる・きく・問う・伝えるために

2014年 7 月 10 日　初版第 1 刷発行　（定価はカヴァーに表示してあります）
2018年 11 月 10 日　第 2 版第 1 刷発行

著　者　平澤知穂
発行者　中西　良
発行所　株式会社ナカニシヤ出版
〒606-8161　京都市左京区一乗寺木ノ本町 15 番地
　　　　　　　Telephone　075-723-0111
　　　　　　　Facsimile　075-723-0095
　　Website　http://www.nakanishiya.co.jp/
　　E-mail　iihon-ippai@nakanishiya.co.jp
　　　　　　郵便振替　01030-0-13128

装幀＝白沢　正／印刷・製本＝ファインワークス
Copyright © 2014, 2018 by C. Hirasawa
Printed in Japan.
ISBN978-4-7795-1329-9

本書のコピー，スキャン，デジタル化等の無断複製は著作権法上の例外を除き禁じられています。本書を代行業者の第三者に依頼してスキャンやデジタル化することはたとえ個人や家庭内の利用であっても著作権法上認められていません。